AF329919

Jean DE CASTELAS

DES DEMI-DIEUX
AUX GÉANTS

IMPRIMERIE G. SUBERVIE
21, Rue de l'Embergue, 21
RODEZ

1930

PREMIÈRE PARTIE

LES DEMI-DIEUX

CHAPITRE PREMIER

I

ETAT-MAJOR MAUNOURY

Lundi 2 Novembre 1914.

Devant moi, s'allonge une cour sablée que bordent les deux ailes de la Maison Lefèvre-Gay, notre second cantonnement à Villers-Cotterets. Au fond de la cour, une grille s'ouvre sur le jardin, fouillis d'arbres de toutes sortes, dont deux se détachent particulièrement, un pin cônique et un grand marronnier aux feuilles si jaunes qu'on le dirait saupoudré d'or.

Le soleil se couche et le ciel bleu pâle commence à s'éteindre. Et dans cette clarté, ce jardinet aux essences arborifères sans nombre me rappelle avec ses pins pointus le jardin Justit à Véronne et ses cyprès foncés.

La guerre se poursuit avec la même violence dans le Nord, sur la ligne Nieuport-Dixmude, Arras. Les Alliés progressent chaque jour. En Russie, succès également. La Turquie entre en danse, elle aussi, cela n'abrègera certainement pas la guerre.

Hier, fête de la Toussaint. Dans l'après-midi, des délégations de troupes portèrent chacune une couronne sur les tombes déjà nombreuses des blessés, morts dans les hôpitaux de Villers. Toutes ces troupes

faisant cercle autour des tertres fraîchement remués
tous surmontés de l'identique petite croix de bois, le
soleil éclatant, la lisière toute proche de la forêt rouge
et verte à cette époque ; c'était un tableau impression-
nant.

Vendredi 6 Novembre 1914.

Ce matin, vers neuf heures, une formidable explosion a ébranlé la ville, tandis qu'un Taube planait dans
les nuages. Le Boche avait laissé tomber trois bombes
sur la gare, sans commettre d'ailleurs aucun dégât. En
ce moment passent en gare des pièces de 120 longs et
des trains de munitions : les ennemis sont bien rensei-
gnés. Le premier engin tomba dans un jardin, brisa
toutes les vitres environnantes et déplaça des piles de
bois. La deuxième éclata à côté d'un train de munitions que, Dieu merci, elle n'endommagea pas. La
troisième n'a pas éclaté.

Lundi 16 Novembre 1914.

Le chef d'état-major, Colonel Guillemin, est parti
pour le poste de commandement Montgobert, propriété
de la Duchesse d'Albuféra. Dehors, c'est un paysage
d'hiver, les arbres dressent leurs branches nues et grises
vers le ciel : seuls, les sapins ont gardé leur éternelle
jeunesse. Depuis quelques jours, je ne sais pourquoi, je
commence à croire que cette guerre ne sera pas éternelle ; trois indices m'ont confirmé dans cet espoir :
Lord Asquith vient de déclarer dans une harangue à la
Chambre des Communes : « La guerre sera moins longue qu'on ne l'avait cru au début »; puis, cherchant à
se rattraper : « mais elle sera longue encore ». Puis,

hier, dans l' « Echo de Paris », on cite un article de la
« Neue Freie Presse » de Vienne, déclarant qu'à l'heure
où le calme renaîtra en France, M. Caillaux, qui a toujours préconisé une entente avec l'Allemagne, sera
l'homme de la situation. Enfin, au même moment, on
apprend que M. Caillaux, qui était jusqu'alors Chef de
la poste avec grade de Colonel à la sixième armée et que
j'eus l'occasion d'introduire chez le général, vient de
partir avec sa femme pour l'Amérique.

Tout cela n'est peut-être que coïncidences, mais est
néanmoins assez suggestif. Enfin, ne nous berçons pas
d'espoirs qui pourraient être cruellement déçus !

Mardi 17 Novembre 1914.

Après des journées de pluie, de froid et de brouillard,
pendant lesquelles la nature s'est dévêtue, il fait sec et
plus chaud. Au début de l'hiver, la nature semble s'en-
velopper de brumes pour perdre sa parure, semblable à
la jeune fille qui, pour se dévêtir, ferme ses rideaux.

Pas de changements dans les opérations militaires de-
puis deux mois. Alternatives d'avances et de reculs.
Mais les Boches restent toujours sur la rive droite de
l'Yser, en Belgique et longent en France une ligne pas-
sant par Lille, Roye, Soissons, Vailly, Nord de Sainte-
Menehould, Saint-Mihiel, alentours de Verdun, Grand
Couronné de Nancy, qu'ils n'ont pu prendre, Col de
Sainte-Marie. Plus au Sud, nous occupons le col de la
Schlucht, la vallée de Münster et Thann.

Mercredi 18.

Admirable journée d'hiver, les toits blancs de givre

de la petite ville se détachent crûment sur le ciel bleu et froid. L'atmosphère est imprégnée de lumière et la nature baigne dans un nimbe d'or. A la campagne seulement, on peut admirer ces jours d'harmonieuse limpidité, Paris étant tout l'hiver plongé dans le brouillard jaune.

La grande débâcle allemande semble entamée. Au nord, les inondations voulues de l'Yser éloignent de plus en plus l'ennemi de la côte. Sur l'Aisne, ils reculent peu à peu. Dans les Vosges, graves échecs au col de ainte-Marie et avance sensible de nos troupes en Haute-Alsace et au delà de Guebwiller. Les Russes pénètrent en masse en Prusse Orientale et la forteresse de Cracovie en Autriche est sur le point de capituler. J'espère que nous quitterons bientôt Villers-Cotterets, car les énergies s'amollissent dans cette paisible ville.

Caillaux est parti au Brésil, sans doute en disgrâce, les journaux allemands et autrichiens l'ayant fait valoir pour aiguiser les discussions politiques dans notre pauvre pays. Le gouvernement a pris la sage mesure de l'éloigner de sa patrie, ses relations avec l'Allemagne ayant été jadis des plus louches.

Samedi 28 Novembre 1914.

Les Russes viennent de remporter une très grande victoire en Pologne, la bataille de Koljuschki. « Les conséquences de la victoire russe seront considérables », tel est l'en-tête d'un article de l' « Echo de Paris ». La manœuvre a consisté à laisser une armée allemande s'avancer jusqu'à Lody et à l'encercler ensuite. On parle de la reddition de trois corps d'armée allemands.

Depuis ce matin, il n'y a plus de poste de commandement et l'Etat-major Joffre s'est avancé de Reuilly à Chantilly. Je crois que, d'ici huit jodrs, si cette catastrophe se confirme, la situation va changer en France.

Dimanche 29 Novembre 1914.

Me voici seul dans notre cuisine, égayée il y a quelques instants du rire de nos cyclistes et de tous les souvenirs parisiens que nous évoquions ensemble et qui nous faisaient revivre l'insouciante vie d'autrefois.

Maintenant, le feu pétille en s'éteignant, le ronflement du groupe électro-moteur sur la place de l'hôpital, qui éclaire notre quartier général, rompt le silence et la lampe à acétylène, suspendue au-dessus de notre table familiale (en guerre on se sent vraiment en famille avec de bons camarades qui, comme vous, ont quitté tous les leurs), répand dans notre salle-à-manger une pâle lueur. C'est la pièce unique d'ailleurs de notre cantonnement, car la chambre d'en face, de l'autre côté d'une minuscule courette, sert de salon à un de nos cyclistes, coiffeur de son état.

Dimanche 6 Décembre 1914.

Nous voici dans le cinquième mois de guerre et l'on ne voit pas encore poindre l'aurore de la paix. Les opérations se poursuivent à notre avantage toujours, en Alsace surtout où nous nous approchons de nouveau de Mulhouse que nous occupions au début de la guerre, et de Colmar. Les Russes ont gagné la victoire de Lods, faisant de nombreux prisonniers, mais les corps d'armée, qu'on avait cru cernés à un moment, ont pu se dégager par suite d'un retard du général Rennenkampf dans l'exécution des opérations, retard qui lui vaut. le retrait de son commandement actuel. Néanmoins, les Allemands battent en retraite et l'on parle de 50.000 Autrichiens prisonniers.

Nous avons hâte ici de quitter notre garnison et d'avancer un peu. Le bruit a couru ces jours derniers que nous prenions l'armée d'Alsace, c'est possible, mais rien n'est encore certain. Mon cœur a cependant battu de joie à la pensée de revoir peut-être bientôt les jolis villages alsaciens aux toits pointus et la plaine blonde des bords du Rhin. Le Général Joffre est allé à Thann dernièrement et a terminé le speech qu'il a adressé aux quelques représentants de l'arrondissement qui l'ont reçu à la Mairie par ces mots émouvants et bien français : « Je suis la France, vous êtes l'Alsace, je vous apporte le baiser de la France ! »

Il y a, dit-on, ici 700 cas de typhoïde et chaque jour on enterre plusieurs soldats morts de cette maladie. Je viens de passer devant l'église et j'ai vu encore une charrette conduite par deux territoriaux, sur laquelle reposait un cercueil couvert d'un voile noir. Le Doyen récitait les prières à côté.

Jeudi 10 Décembre 1914.

Il est midi vingt, et je me tiens dans le couloir, près du cabinet du Colonel. Je l'entends qui parle d'attaques avec le Commandant de dragons Détroyat, très bel homme, Officier de liaison du 7me corps, qui fait partie de notre armée. Je crois que, prochainement, une offensive générale sera déclanchée, il y a assez long-temps que nous piétinons sur place.

M. de Bülow a été envoyé en Italie pour la maintenir dans sa neutralité, en lui offrant le Trentin, car elle était prête à marcher à nos côtés.

Je termine ces lignes, car je dois prévenir le chef d'Etat-Major que l'Etat-Major du Croutoy fait savoir que le Général Maunoury va rentrer déjeuner ici.

Vendredi 11 Décembre 1914.

Jour pluvieux et froid, mais mon rôle me retenant à l'intérieur du quartier général, je n'en souffre pas.

Nous sommes, du reste, admirablement soignés par le gouvernement. Nous avons reçu des plastrons de flanelle bleue ornée de charmants cordonnets de satin blanc, pour relier les deux faces du plastron, dos et poitrine, ainsi que des passe-montagnes en laine. La solde des sous-officiers en campagne a été relevée : 1 franc par jour en plus de la solde existante, tous les dix jours nous toucherons 17 francs 20, au lieu de 7 francs 20. Hier, comme nous bénéficions du rappel, nous avons reçu d'un seul coup 35 francs ! Au lieu de recevoir de l'argent des nôtres, nous pourrons bientôt leur en envoyer si le gouvernement continue ses générosités !

Tous les dix jours, on nous distribue 2 paquets de tabac à o. 50, plus cette fois-ci une boîte de tisons ! Quelle prodigalité !

Nous progressons toujours vers Mulhouse et Alt-kirch et tandis que nous avançons en Alsace, nos aviateurs bombardent Fribourg-en-Brisgau.

La marine anglaise a remporté une brillante victoire navale en coulant en deux jours quatre croiseurs allemands près des îles Falkland : le Scharnhorst, le Gneisenau. le Leipzig et le Nürnberg, tous d'une vitesse d'environ de 24 nœuds.

D'autre part, les Serbes ont repris l'offensive et l'aile droite autrichienne vers Valjévo a été mise en déroute.

Dimanche 20 Décembre 1914.

Nous sommes à la veille de graves événements ; une attaque générale sur tout le front est imminente, mon collègue, le sergent B..., a porté au 2ᵐᵉ Bureau une proclamation du Général Joffre aux armées de la République ainsi conçue :

« Voilà trois mois que nous usons l'ennemi par des « attaques partielles, mais l'heure est venue, par une « offensive générale, profitant de l'épuisement actuel « de l'adversaire à la suite de nos attaques répétées, « de le rejeter complètement au-delà des frontières « françaises. Soldats, c'est pour la France. En avant ! »

L'ataqûe est pour ce soir ou demain. Oh ! si seulement elle pouvait réussir complètement, comme la Victoire de la Marne, plus complètement même si c'est possible, et se transformant en déroute pour les Boches. les forcer à demander la paix !

Même victorieux, que va nous coûter cette attaque ? Quelle effroyable tuerie cela va-t-il être ! « On ne fait pas d'omelettes sans casser les œufs », disait mon ancien capitaine du 131ᵐᵉ, Fagalde, mais on ne peut s'empêcher d'avoir le cœur serré à la veille d'une nouvelle boucherie !

En vue de cette attaque, l'on a inventé de nouveaux moyens de destruction ou adapté d'anciens instruments de combat, employés dans les guerres du Moyen-Age. Sans parler des grenades jetées dans les tranchées à l'aide d'un dispositif semblable aux catapultes romaines, j'ai vu mentionner dans les dépêches et notes pour les divers bureaux, les bombes d'Arsonval et les exploseurs Boulangé, seize exploseurs Boulangé sont mis à la disposition de la 55me division de réserve.

Ce matin est venu le Général Marjoulet, Commandant le 18me Corps d'armée. Il causa longtemps dans le couloir du quartier général avec le Général Delarue, commandant la D. E. S. de notre 6e armée. Il désirait voir le Général Maunoury, au sujet d'une liaison entre la 5me et la 6me armée. Il raconta à son interlocuteur que le 18me corps était à 1.500 mètres de Craonne, à Craonnelle, et que les éléments de droite et de gauche n'ayant pas fait ce qu'ils devaient, le 18me corps avait dû se replier de Craonne, qu'il occupait auparavant, sur Craonnelle.

Des croiseurs boches ont eu le cynisme dernièrement de bombarder trois ports anglais, Scarborough, Hartlepole, West-Hartlepole, faisant cent tués et de nombreux blessés. Cet exploit n'a aucune conséquence stratégique, ce sont simples représailles.

L'Angleterre a proclamé son protectorat sur l'Egypte et a reconnu le nôtre sur le Maroc.

Le Général et le chef partent demain du quartier général à six heures moins le quart. C'est demain que commence la grande bataille où va se jouer l'avenir de la France.

Mardi 22 Décembre 1914.

Hier, il n'y a eu qu'une attaque partielle du 35me corps, qui fait partie de notre armée, couronnée de succès au sud de Noyon. L'attaque générale n'est pas commencée. Outre la proclamation de Joffre qui a été distribuée aux troupes, et que le communiqué allemand de ce matin dit avoir été trouvée sur un officier français prisonnier, il en est une seconde, secrète. La première est peut-être un trompe l'œil pour induire les ennemis en erreur. Il est sept heures, heure du défilé incessant chez le Chef, des Officiers de liaison et d'Etat-major.

Jeudi 24, 14 heures 45.

Deux Taubes évoluent en ce moment au-dessus de nous, j'entends les rafales des mitrailleuses installées à la gare. Le « Bulletin des Armées » publie ce jour un grand nombre de citations. Presque tous les Officiers des 10ᵉ et 31ᵉ Bataillons de chasseurs que j'ai connus à Saint-Dié, garnison des dits bataillons, s'y trouvent inscrits : Commandant Eveno (10ᵉ) tué, Capitaine Méry (31ᵉ), tué le 8 Août, Sous-Lieutenant de la Faye (10ᵉ) avec qui jadis j'avais couru une gymkana, tué ; Capitaine Dubarle, indemne, « officier d'une énergie indomptable », dit sa citation, etc...

Les mitrailleuses tirent toujours, le Taube est juste au-dessus de nous, quelques coups de feu isolés partent de la ville, l'on dirait des balles qu'on reçoit sur un tambourin et qu'on renvoie avec force.

Tout le monde est dans la cour du quartier ; de temps en temps, un faisceau blanc tombe de l'appareil et brille au soleil ; l'on rentre, croyant à une bombe, ce ne sont que des proclamations.

La fusillade est générale maintenant dans la ville. C'est le cinquième Taube qui survole Villers depuis notre arrivée.

Un de nos cyclistes, parti aux renseignements, m'apprend que les avions boches, ils étaient plusieurs, paraît-il, ont laissé tomber 6 bombes sur la ville et 2 sur la route de Vauciennes, à cinquante mètres de l'escorte de chasseurs attachée au général. Le Général était heureusement resté au Quartier général. Du reste, ces 8 bombes, bombes incendiaires, ont éclaté sans causer de dégâts. L'une d'elles est tombée tout près d'ici, entre le quartier général et l'abattoir qui se trouve à 250 mètres d'ici, au bas de notre rue Demoustiers.

12 heures 15.

Je viens de réveillonner au cantonnement avec mes camarades, sardines, thon, foie gras, que j'avais offerts, gigot, fromage et cake, vins blancs et rouges, thé et rhum. Et me voilà revenu dans le vestibule du quartier général pendant que le planton avec qui je dois passer la nuit est allé réveillonner à son tour. C'est la Nuit de Noël et il est heureux que le réveillon se soit perpétué dans toutes les classes de la Société, cela rappelle que ce n'est pas une nuit comme les autres et c'est déjà beaucoup. J'ai allumé ma lampe à pétrole qui m'éclaire bien et je lis « La Maternelle » de Frapié, avant de me coucher. Je n'ai pas le cafard et je remarque là cette différence entre la caserne et la guerre où l'on a vraiment l'impression de la liberté ; être prisonnier est la plus affreuse des tortures ! Et cependant, c'est la nuit de Noël ! Où sont les charmants réveillons en famille, après la messe de Sainte-Clotilde ? Or, le 24 Décembre 1914, je lis à minuit 1/2 dans le vestibule d'une maison bourgeoise de Villers-Cotterets un bouquin de Frapié et mon frère Pierre est sans doute dans la tranchée, le fusil aux aguets. Quelle drôle de chose que la guerre, mais quelle belle chose !

Samedi 24 Décembre 1914.

On m'a demandé, en qualité d'avocat, d'être défenseur au Conseil de guerre de l'armée. Comme il suffit de ne pas craindre de parler en public, qu'il n'y a en général qu'à traiter des questions de fait et à extraire du dossier les arguments qui peuvent sauver l'accusé, j'ai accepté et je n'en reviens pas moi-même. Mais il me semble que ces fonctions nouvelles m'élèveront un peu au-dessus de mon très humble rôle au Quartier-Général. Ce matin, nouveau Taube qui plane très haut dans le ciel bleu. Nos auto-mitrailleuses tirent pendant cinq bonnes minutes et le vilain oiseau prend le chemin du retour.

Mercredi 30 Décembre 1914.

Notre chef d'État-major, le Colonel Guillemin, nous quitte. Je le regrette, c'était un officier fort agréable. Il va commander un groupement d'artillerie des armées du Nord, faisant fonction de général de brigade, près de Nieuport.

Les opérations n'avancent guère ; pour répondre au bombardement de la côte anglaise, les cuirassés et hydravions du Royaume-Uni sont allés bombarder Cüxhaven, port de Hambourg. Un zeppelin a survolé Nancy, tuant deux personnes ; la gare de Saint-Dié est toujours bombardée.

Vendredi 1er Janvier 1915.

J'ai plaidé hier matin en Conseil de guerre deux affaires. J'avais à défendre un tirailleur algérien et un clairon du 4me zouaves, inculpés de refus d'obéissance sur un territoire en état de guerre et d'injures envers un supérieur en service commandé. L'un s'est vu octroyer 5 ans de travaux publics avec sursis, et le second 6 ans de la même peine sans sursis.

Ce matin, 1er Janvier, réception et compliments ; tout d'abord, réunion des Officiers de l'Etat-major à la salle d'attente pour présenter les vœux au Colonel, puis réunion chez le Colonel pour la présentation des vœux au Général, enfin débarquement de tous les officiers de la D. E. S. (direction des étapes et services) le Général Delarue en tête, pour présenter leurs vœux au Général Maunoury.

Peu après, le Général Chappelle est venu présenter son chef d'Etat-major.

Notre nouveau chef d'Etat-major est le Colonel Brécart, Officier de chasseurs à cheval très chic, très élégant, légèrement parfumé comme tous les cavaliers qui se respectent.

Que va nous apporter 1915 ? La paix, j'espère, après une belle victoire et notre réunion à tous. Oh ! comme la vie paraîtra douce et bonne après cette terrible épreuve !

A 11 heures, B... et moi sommes allés souhaiter la bonne année à la famille Berjot, qui tient le grand magasin de tissus de la ville et chez qui nous dînons presque tous les soirs. Nous nous sommes tous embrassés, y compris Mlles Marie, Yvonne et Emilienne Berjot et les demoiselles du magasin, deux jolies blondes au teint rose. En embrassant toute cette brave famille, j'étais un peu ému à la pensée que ces bonnes gens nous donnent une hospitalité si cordiale depuis le 12 Septembre et j'ai cru remarquer que Marie B... avait aussi les larmes aux yeux. Quand l'on se voit tous les jours pendant 4 mois, on ne peut s'empêcher d'avoir de l'affection les uns pour les autres.

Un des officiers du Quartier-général nous a souhaité très aimablement la bonne année, le Commandant Schneider, chef du 3me bureau, gendre du Général.

Pour le nouvel an, le gouvernement a bien fait les choses, il nous a offert ce matin jambons fumés, entrecôtes rôties, macaroni, mandarines et noix, une bouteille de vin rouge pour deux, café et cigares, ce soir bouteille de champagne pour 24. Nous avons dégusté toutes ces friandises avec les secrétaires d'Etat-major.

Lundi 4 Janvier.

J'ai passé la journée à la Mairie dans la salle du Conseil de guerre où j'ai étudié trois affaires assez compliquées, voies de fait envers un supérieur, désertion à l'intérieur et désertion en présence de l'ennemi.

Le bruit court que la 2me armée remplacée dans le Nord par les Anglais, file en Alsace. C'est là que les opérations se déroulent en ce moment avec le plus d'activité autour de Cernay et de Steinbach que nous avons repris.

Depuis quatre mois, on ne se bat pour ainsi dire plus. Il y aura encore quelques actions, mais il est difficile de croire à l'heure actuelle à une grande victoire comme celle de la Marne. Nous aurons une paix, ni chair, ni poisson, très honorable pour nous, étant donné notre préparation nulle, compromis entre toutes les puissances, l'Autriche payant tous les pots cassés, voilà ce que je prévois. Quant au démembrement de l'Allemagne et à la paix signée à Berlin, je n'y ai jamais cru !

Jeudi 7 Janvier 1915.

Mardi dernier, Madame Liautey, femme du Général, est venue à l'Etat-major. Le Colonel est allé lui rendre visite à la salle d'attente et le Général Maunoury lui-même a, pour la première fois depuis le début de la guerre, quitté son cabinet de travail pour saluer Madame Liautey à la salle d'attente. Ce fut ensuite le défilé de tous les officiers qui l'avaient connue au Maroc et avaient sans doute été jadis reçus par elle à Tanger ou à Taza. Le Colonel Poeymirau est venu d'Ecury, où il commande les Marocains, pour passer l'après-midi avec elle et à son arrivée, j'ai entendu un « Ah ! le voilà ! bonjour... » qui m'a rappelé les thés de Paris. Pour un instant, les chaudes et lumineuses soirées du Maroc ont été évoquées dans le banal salon de M. Lefèvre-Gay.

Tout à l'heure, le Colonel est parti avec le Commandant Détroyat, nouveau gouverneur de Thann... peut-être pour l'Alsace ! Et à cette pensée, j'ai eu la nostalgie de mes Vosges et du beau jardin qu'est le pays Alsacien !

Samedi 8 Janvier 1915.

Le canon roule ce soir assez fortement. L'autre jour, on a essayé les canons porte-amarres, pour couper les fils de fer ; ce sont de petits canons dorés qui lancent des amarres pour rompre les barbelés qui défendent les tranchées. On a apporté ce matériel au Quartier-général et j'ai pu l'étudier à loisir. Cette guerre est une guerre d'inventions, une guerre de progrès, si les mots ne juraient pas. L'amarre une fois lancée, on la ramène à l'aide d'un treuil et elle déchire les fils dans lesquels elle est tombée.

Mercredi 13 Janvier 1915.

Il est 9 heures du soir et les officiers ne sont pas encore partis au mess. Depuis le 8, il y a des combats très durs sur l'Aisne. Avant-hier, les nôtres avaient conquis la Cote 132, hier, après 17 contre-attaques, les Boches l'ont reprise.

Aujourd'hui, nous y sommes installés de nouveau. Le canon a roulé par salves, hier, cette nuit et aujourd'hui sans interruption. Ce fut un vrai combat, notre 75 a, paraît-il, produit des explosions et des trains de blessés arrivent en gare.

La 14me Division de cavalerie couche cette nuit en plein air à Cœuvres. Sans doute, va-t-on attaquer au petit jour. Si seulement une victoire sur l'Aisne pouvait déclancher un recul de ces maudits Allemands sur tout le front !

Dimanche dernier, un Taube a survolé la ville, lâchant sans résultat deux bombes incendiaires. L'après-midi, musique militaire sur la place, que le Général a honorée de sa présence.

J'ai vu hier embarquer des blessés qu'on évacuait sur l'arrière. Leur transport des voitures d'ambulance au train était bien pénible et les malheureux paraissaient beaucoup souffrir.

L'un avait les deux jambes coupées, l'une au-dessus de la cheville, l'autre à moitié cuisse. Pauvres corps humains, héroïques tronçons, comme la guerre vous mutile ! Quelle abominable chose !

Vendredi 15 Janvier 1915.

Notre attaque sur l'Aisne s'est changée en défaite. Loin de prendre la Cote 132, nous avons dû repasser l'Aisne et Soissons est évacuée pour la troisième fois. Les journaux avouent cet échec, mais font remarquer que c'est là un succès partiel de l'adversaire, sans influence sur le reste des opérations. Espérons-le ; néanmoins, nos chefs ont des têtes longues et des airs sombres. Pour la première opération dirigée par notre nouveau chef d'Etat-major, ce n'est pas de chance. Le Colonel B... n'a pas été heureux..., mais attendons la suite, il a peut-être néanmoins une grande valeur de stratège et se révèlera plus tard. Quoiqu'il en soit, l'Etat-major est extraordinairement agité, le chef monte aux bureaux, court au téléphone, redescend, les officiers se succèdent sans interruption chez lui et au téléphone communications constantes avec le Quartier-général. D'après la presse, c'est une sérieuse défaite, nous aurions même perdu des canons, et l'ennemi est aux portes de Soissons.

D'après ce que j'ai entendu dire, le Général Freise, chef de la 14ᵐᵉ Division, serait responsable de l'échec, car il faut toujours un responsable. Les Allemands ont chargé par masses de brigades et l'on dit que l'attaque fut dirigée par le Kaiser lui-même.

Hier matin, le Prince de Galles est passé à notre Quartier-général ; petit jeune homme blond et imberbe, marchant mal, légèrement cagneux, en tenue de touriste, une canne à la main, accompagné de deux officiers d'Etat-major.

L'on dit aussi qu'on a manqué d'obus de notre côté. Il est officiel que 15.000 Allemands ont été tués à la Cote 132, où il y avait, paraît-il, un enchevêtrement atroce de cadavres français et allemands.

Dimanche 17 Janvier 1915.

Hier matin, après avoir été vacciné contre la typhoïde, j'ai plaidé trois affaires au Conseil : voies de fait et outrages envers un supérieur, 5 ans de prison avec sursis ; destruction de ligne téléphonique militaire, 8 ans de détention ; désertion à l'intérieur en présence de l'ennemi, 20 ans de détention et dégradation militaire. Les Tribunaux militaires exercent, quoi qu'on en ait dit, une justice pleine d'indulgence et d'une bienveillante impartialité. Ils connaissent bien la mentalité du troupier en guerre et sont d'une mansuétude toute paternelle pour lui. Ils sont obligés, pour l'exemple, de prononcer des condamnations parfois graves, mais c'est avec une entière bonne foi et en tenant compte de tout ce qui peut mitiger la faute. Comme défenseur, j'ai toujours trouvé chez eux une grande droiture et une parfaite loyauté. Je tiens à leur rendre cet hommage qui leur est entièrement dû.

Hier, sont venus voir notre commandant d'armée, les généraux de Villaret, Commandant le 7e Corps, et Collas, Commandant la 7me Division d'infanterie. Le Général Maunoury est parti tout à l'heure, disant au chef qu'il allait visiter le Général de Villaret, le Général Nivelle à Belleux et qu'il irait à Soissons. Cela m'a fait plaisir, car cela prouve que Soissons, dont un faubourg est de l'autre côté de l'Aisne, n'a pas été occupée par l'ennemi après la défaite de Crouy, bien que nos troupes aient repassé le fleuve, par suite de la crue, craignant d'être prises entre les Allemands et l'Aisne, comme les Boches le furent sur l'Yser.

Cet après-midi, le Chef d'Etat-major a reçu les généraux Crépé et Delaporte. Joseph de Castelnau, député de l'Aveyron, attend leur départ pour entrer chez le Colonel Brécard. Il recherche son frère, sergent au 64me Bataillon de chasseurs alpins, qui a été blessé.

Le « Bulletin des Armées », du Jeudi 14 au samedi 16 Janvier, publie le rapport de la commission, chargée de constater les actes commis par l'ennemi en violation du droit des gens. C'est une suite d'incendies volontaires, de meurtres, de viols, de massacres, d'actes abominables, à Chauconin, Sancy-les-Provins, Rebais en Seine-et-Marne, Suippes, Gault-la-Forêt, Sermaize dans la Marne.

Mercredi 20 Janvier 1915.

Deux faits viennent de se produire qui sont de bon augure pour nous. M. Kühn, ministre des Finances allemand, a démissionné, pour raison de santé, dit-on, mais il est parti, craignant que le prochain emprunt allemand ne puisse être couvert. Puis le Comte Berchtold, ministre d'Autriche, auteur principal de l'action contre la Serbie et, par suite, de la guerre européenne, a démissionné également. C'est en somme l'aveu de son échec. M. Burian, ministre hongrois, le remplacera. On le dit nommé pour conclure la paix entre son pays et les alliés. L'Autriche accablée serait prête à cesser la lutte.

Les Turcs sont écrasés par les Russes. Bientôt, l'Allemagne isolée verra marcher contre elle la Roumanie et l'Italie qui ont promis leur concours pour fin Janvier, plus deux armées françaises de 600.000 hommes qui se concentrent actuellement à Chalons et à Orléans. Mais ce n'est qu'au début du printemps qu'un gros effort sera donné.

Mais l'Allemagne sera sûrement vaincue. C'est beau de pouvoir se dire cela au bout de 5 mois 1/2 de guerre, quand des deux puissances en guerre, l'une s'est préparée à la lutte pendant 44 ans, et l'autre, la France, pendant 6 mois au plus ! Le tempérament français est, quoiqu'on dise et que l'on ait pu croire durant cet assoupissement que nous infligea le régime républicain, un tempérament guerrier. Le Français est militaire par essence et patriote dans l'âme. Cela nous donnera la victoire.

J'ai passé la journée avec un cycliste de bataillon

du 44ᵐᵉ qui avait pris part au combat de Crouy. Je l'ai rencontré dans la rue où il cherchait un marchand de journaux pour apporter les nouvelles à son Commandant. Le combat de Crouy fut, paraît-il, infernal. Du 2ᵐᵉ Bataillon du 44ᵐᵉ, il est resté 40 hommes. On se battait au couteau et à coups de crosses de fusil. A Crouy même, les combattants accumulaient les cadavres tant allemands que français devant eux pour s'en faire des remparts. Picard, ce cycliste se nommait ainsi, en a compté 28 devant lui et parmi eux un lieutenant qui remuait encore ! Sur l'ordre de son capitaine, il lui donna à boire, le blessé en réclamant. Picard n'ayant que de la « gnole » lui en versa quelques gouttes et le malheureux est mort aussitôt après. Les Allemands en général n'avaient plus de tête, ou plus d'oreilles, les Marocains ayant attaqué les premiers.

En portant un ordre au Colonel du 44ᵐᵉ, il le trouva tué. Son Chef de bataillon est mort à côté de lui en criant : « Vive la France ! » Il se nommait Estarque.

Il m'a confirmé que le Général de la 14ᵐᵉ Division et particulièrement le brigadier étaient généralement regardés comme un peu responsables. Les régiments 60ᵐᵉ et 44ᵐᵉ qui formaient brigade ont été particulièrement abîmés. Ils manquaient de soutien.

Vers cinq heures, Picard est parti pour Puiseux, à quatre-kilomètres d'ici, où le 44ᵐᵉ se remet de cette échauffourée.

Lundi 25 Janvier 1915.

Dernièrement, sont venus à l'Etat-major les Généraux Berthelot, Delamotte et le Général anglais Wilson.

Un raid de zeppelins a eu lieu au-dessus des villes anglaises, faisant quatre victimes. La flotte anglaise a arrêté en mer un raid de cuirassés allemands vers les côtes d'Angleterre et a coulé un navire ennemi, le « Blücher ».

La jeune génération littéraire est bien atteinte par les morts récentes de Péguy, Psichari, Allard de Meëus, Cassagnac, Müller.

Je viens de lire le « Livre Jaune français », contenant les documents diplomatiques échangés avant la guerre européenne de 1914. Il est très remarquable et passionnant comme un roman. C'est avec une véritable angoisse que l'on suit jour par jour la lutte qui se poursuit entre les puissances dont les intérêts sont en jeu et dont la diplomatie marque chaque phase. Ce qui domine cette histoire, c'est la mauvaise volonté de l'Allemagne, qui, commençant par nous compromettre vis-à-vis de nos alliés en nous priant, ainsi que Londres, de faire des démarches à Saint-Pétersbourg seulement, n'a jamais voulu de son côté tenter la moindre démarche conciliante à Vienne pour l'arrêter dans ses préparatifs de guerre contre la Serbie. Elle a toujours refusé, sous un prétexte ou un autre, d'adhérer à la proposition de conférence mise en avant par les quatre puissances : Angleterre, France, Russie, Italie.

Sa responsabilité devient évidente à la suite de la violation de nos frontières avant toute déclaration de guerre et de l'ultimatum envoyé à la Russie au moment précis où l'Autriche paraissait écouter les conseils de conciliation de celle-ci et vouloir s'en remettre à la proposition d'une conférence. Il est inconcevable que l'Allemagne, qui n'était obligée de marcher que par suite du jeu des alliances si l'Autriche déclarait la guerre, ait déclaré la guerre à la Russie, quand elle n'était nullement partie dans la question serbe origine du conflit, à l'instant exact où l'Autriche penchait vers la décision pacifique et déclarait accepter les suggestions de M. Sazonoff.

Le prétexte choisi fut la mobilisation russe, uniquement dirigée cependant contre l'Autriche, M. Sazonoff en avait donné l'assurance. En ce qui concerne la France, comme il n'y avait absolument aucun prétexte, l'empire allemand dut inventer de toutes pièces (inventions démenties formellement par notre gouvernement) une histoire d'aviateurs français ayant lancé des bombes en survolant le territoire du Reich. Mensonges comme toujours et querelle d'Allemands.

Le livre jaune précise bien que la violation de la neutralité belge a entraîné l'Angleterre dans le conflit, ce qui a mis l'Allemagne en fureur, car elle ne s'y attendait pas du tout.

3 Février 1915.

Il est onze heures du matin et me voici seul dans l'allée de la Faisanderie, qui longe cet admirable parc de Villers-Cotterets. Elle est toute droite, pavée en son milieu et côtoyant le fossé qui encercle tout le parc, elle aboutit à une charmante maison blanche à toit pointu et à fenêtres à petits carreaux, dont je n'aperçois qu'un angle ensoleillé. Charmant cottage derrière ta barrière verte, ancienne faisanderie de François Ier, tu devais être le logis préféré de la belle Gabrielle d'Estrées, son petit trianon.

En face de moi, au-delà du saut de loup, la campagne s'étend au loin, bornée par la masse brune de la forêt de Villers-Cotterets. Le soleil, au-dessus de cette chère allée, où j'aime si souvent à me promener, traverse les cîmes en berceau des platanes dépouillés et projette sa blonde clarté sur le chemin. Il fait froid, les alouettes gazouillent dans le champ labouré voisin, c'est une belle matinée paisible. Le canon lui-même fait silence ; seuls, les tristes croassements des corbeaux s'élèvent dans le calme de la campagne. Le ciel est tout bleu et la terre semble, sous le doux rayon qui la frôle, attendre ensommeillée les premiers souffles du printemps.

Ces jours-ci ont défilé au Quartier-général les Généraux de l'Epée, Julien, Commandant la 63e division d'Infanterie, d'Amade. Le Général de Grandmaison a remplacé le Général Berthelot, dans le commandement du 5me G. D. R. à la suite sans doute de l'échec de Crouy.

6 Février 1915.

Je souffre ici d'avoir une situation trop calme et sans dangers, de manquer l'occasion, que je n'aurai peut-être qu'une fois dans ma vie, d'ajouter un peu de gloire au patrimoine d'honneur de ma famille. Mais je n'ai rien fait pour l'obtenir, ignorant totalement jadis l'existence d'une telle place pendant la guerre et je vois là la Main de La Providence. Je m'en remets à Elle et Lui dis : « Que votre volonté soit faite ! » La guerre est loin d'être finie et j'aurai certainement plus tard une autre destinée qui me plaira davantage, devenir officier et conduire des hommes à l'attaque des tranchées ennemies par une belle matinée de soleil ! (1)

La guerre ne paraît pas avancer beaucoup, l'Allemagne cependant commence à souffrir du blocus économique et mange du pain K. K. où la farine est diminuée. Les métaux manquent aussi, les petits Etats du Reich ne peuvent plus émettre d'emprunts. Ce sont là des symptômes d'épuisements. En France aussi, surtout chez les non combattants, on sent une certaine lassitude. Les articles de la presse cherchent à prouver que dans quelques mois (fin Juillet en général), l'Allemagne sera complètement à bout. Tout cela n'est que bavardage et personne ne peut deviner quand finira la guerre. La diplomatie est un facteur dont on ne tient pas assez compte et c'est elle qui mettra fin à la guerre.

Le communiqué signale la prise d'une tranchée ennemie à l'Ouest de la route d'Arras à Lille, « la supériorité de notre artillerie sur tout le front » (phrase stéréotypée) et le passage d'un avion sur Saint-Dié, qui a tué quatre civils.

Les Russes sont de médiocres soldats, malgré leur nombre formidable, ils ne peuvent venir à bout des Autrichiens et ont dû évacuer les cols des Carpathes qu'ils occupaient. L'Allemagne proclame le blocus sous-marin de la Grande-Bretagne : l'amirauté germanique fait savoir qu'à partir du 18 Février, tout le pourtour de l'archipel britannique sera dangereux à la navigation, même des neutres, parce qu'à compter de cette date, les

_____

(1) En 1915, l'auteur voyait ses désirs réalisés et passait dans les zouaves. Il devait faire ensuite la guerre de 1916 à 1918, comme officier au 9ᵉ zouaves.

sous-marins allemands auront l'ordre de couler tous les navires suspects sans préavis.

8 Février 1915.

Hier, j'ai déjeuné à l'Hôtel de la Chasse en compagnie de mon camarade B... A la table voisine, déjeunait M. Viviani, sa femme et leur deuxième fils, le sergent Hirsch de Bouhélier, employé ici au bureau du Commandant Mangin. Ils sont en deuil de leur fils aîné tué en Août. Pendant le repas, un Commandant d'Artillerie me tape amicalement sur l'épaule, c'était le Commandant de G... qui venait ici pour l'essai d'un mortier de 58.

Deux nouveaux officiers sont arrivés au Quartier-général au service du Courrier, le Capitaine Dupont, de l'artillerie, et le Commandant Dinet, du 32ᵐᵉ dragons, qui est fort distingué.

9 Février 1915.

Le Général Delarue prend le commandement de la 48ᵐᵉ division, en remplacement du Général Klein. Un rapport a été reçu sur les incidents de Khenifra où il y eut des tués. De quoi s'agit-il ? Il y a bien des choses dont la presse ne dit mot et que nous ne saurons — ce n'est pas sûr — qu'après la guerre. La Bulgarie vient d'emprunter 150 millions à l'Allemagne et à l'Autriche. Sans doute a-t-elle promis d'attaquer la Roumanie, au cas où celle-ci entrerait dans le conflit.

J'ai appris, en effet, qu'elle doit prendre part à la campagne à la fin du mois et qu'elle disposera de quatre corps d'armée et de deux divisions de réserve contre l'Autriche et de un corps d'armée et trois divisions de réserve pour surveiller la Bulgarie, qui gardera une neutralité bienveillante pour les Allemands.

Les Généraux de Villaret (35ᵐᵉ Corps), de Grandmaison (5ᵐᵉ G. D. R.), Ebener (7ᵐᵉ Corps), sont réunis avec notre chef d'Etat-major chez le Général Maunoury. Combinent-ils un prochain plan d'attaque de la sixième armée ? Le Colonel Brécard s'est rendu hier à Chantilly au Grand quartier général.

12 Février 1915.

L'Allemagne semble envisager les conditions d'une paix : ses journaux parlent ouvertement de la paix possible. En Angleterre également, on parle de paix et M. Jowett, à la Chambre des Communes, a demandé si « en vue de mettre fin au terrible carnage causé par la guerre européenne, le gouvernement serait prêt à déclarer publiquement sur quelles bases les alliés consentiraient à discuter les conditions de la paix ». Sir Grey a répondu que, d'après les récentes déclarations faites en Allemagne, le moment n'en était pas encore venu.

Le Général Joffre est venu visiter hier les troupes de la 6ᵐᵉ armée et a décoré plusieurs officiers de notre Etat-major. Il a traversé Villers. Le Général Maunoury et l'Etat-major qui l'avaient accompagné toute la journée, le saluèrent à son départ sur la place de la rue de Paris, mais le Général en chef n'est pas venu à la maison Lefèvre-Gay.

La Croix-Rouge de Genève fournit aujourd'hui les chiffres officiels des pertes jusqu'au 10 Décembre : 698.000 morts anglais, belges et français réunis,

400.000 morts russes, 1.307.000 morts autrichiens et allemands réunis, 200.000 prisonniers français.

15 Février 1915.

9 heures 30. Du bout du parc de Villers, j'écoute la canonnade ininterrompue ; des roulements lointains et sourds viennent de deux directions nord et est. Espacés, résonnent les coups rapides d'une mitrailleuse. On doit se battre pas bien loin d'ici. De temps en temps, un coup de tonnerre fait trembler l'air, c'est une grosse pièce qui fait la basse du concert. Plusieurs salves d'artillerie éclatent maintenant à la fois, plusieurs batteries sont en action. La mitrailleuse se fait, les départs des pièces se font plus espacés ; — mais voilà le tactactac qui recommence de plus belle ; c'est étonnant comme on entend bien le canon ce matin. — Il semble même que l'on perçoive à la suite des coups de départ, un bruit sourd qui doit être l'éclatement. Une sérieuse action est engagée à cette heure.

Et cependant, dans le ciel lumineux, une buse pousse son sifflement et les geais, réveillés par le bruit de la bataille, s'appellent dans les branches des sapins...

17 Février 1915.

J'ai introduit hier au Quartier-général le Comte de Cernovitz, beau-frère du Général Klein. Serait-il de la famille du célèbre diplomate ? Il porte en tous cas comme épingle de cravate deux attributs surmontés d'une couronne fermée en or. Sa carte de visite porte : « ancien écuyer de Sa Majesté le roi Georges, roi des Hellènes ». C'est un fort beau vieillard.

Feuilletant dernièrement le dossier de X... j'y trouvai des lettres écrites par mon client à sa maîtresse. Il l'appelle « ma Monette chérie » et lui parle constamment de son grain de beauté sous le bras droit, qui semble attirer ses lèvres. Il y dépose par lettres de fervents baisers ! C'est touchant ; ces perles sont les petits bénéfices du métier de défenseur.

J'apprends à l'instant que le Général de Grandmaison, que j'avais souvent aperçu ici, a été blessé grièvement ce matin sur une place de Soissons par un éclat d'obus qui lui traversa le poumon. Les officiers d'Etat-major avec qui il s'entretenait à ce moment sont tous saufs, lui seul fut touché. Il paraîtrait qu'il est mort à l'heure actuelle. C'était un bel homme très distingué. Il remplaçait le Général Berthelot.

19 Février 1915.

Ce matin, le Chef m'a envoyé son ordonnance à 6 heures afin d'être renseigné sur le sort du Général de Grandmaison. J'ai fait téléphoner par l'officier de service et il lui fut répondu qu'il venait de mourir le matin même, à 6 heures.

En ce moment, trois heures, le Colonel Brécart, nu-tête, très élégant toujours, et très jeune avec ses cheveux blonds coiffés en raie et son uniforme bleu clair, cause avec le Général Halna du Frétay, promu récemment brigadier, grand bel homme en son manteau bleu foncé. Il porte son monocle vissé dans la visière du képi et son allure est très militaire. Il est accompagné du Capitaine de Boisgelin, du 1er Dragons, jeune homme blond et distingué.

Le Général Nivelle vient rendre visite au Général Maunoury.

Parmi les morts au champ d'honneur, se trouve mon ancien et bon camarade du 131ᵐᵉ d'infanterie, le sergent Foch. Je me souviens des soirées que j'allais passer dans sa chambre de sous-officier à la caserne Bannier, en 1910, à Orléans. Il avait la voix rude et parlait tout d'un trait. « L'aviation, encore une triste invention ! On ne pourra même plus regarder le ciel tranquillement ! » me disait-il un soir. ! « Mon père, tu sais, a écrit des bouquins militaires épatants, mais ils n'ont pas de succès, et il n'arrivera pas, parce qu'il est catholique ». Il avait le caractère triste, je dirais même un peu « bougon », mais c'était un charmant ami et nous nous comprenions bien tous les deux.

23 Février 1915.

Ayant un moment de loisir, je viens goûter la solitude du parc. Il est 5 heures 1/2. Les sous-bois de feuilles mortes et les troncs des arbres sont plongés dans une lumière rose, de la teinte des sommets de l'Engadine à l'aurore ; une brume violette flotte au ras des labours et un immense soleil ocre descend à l'horizon dans une gloire d'or. Les voitures qui passent sur la route font dans le parc comme des aboiements de meute lointaine. La bise est glacée et les corbeaux jettent leur plainte navrante dans la cime des arbres.

A coups réguliers, le canon tonne au loin, tantôt coups sourds et secs, tantôt roulements de grosses pièces dont l'écho se répète de proche en proche. Parfois, trois pièces tirent leurs coups successifs, c'est toute une batterie en action. Le jour baisse de plus en plus, les coups de canon semblent plus émouvants à cette heure.

Un sergent de chasseurs de la compagnie cycliste du Quartier-général m'a dit cet après-midi comment nous n'avions quitté Creil en septembre que deux heures avant l'arrivée des Boches et comment les chasseurs avaient, pour protéger notre départ et notre marche vers Ecouen, été canardés par les Allemands près du pont de Sainte-Maxence par un détachement de ublans, apparu au-dessus de la côte de Creil.

En fait de nouvelles, le Général Desprez remplace le Général de Grandmaison, blessé mortellement à Soissons.

4 Mars 1915.

Les opérations militaires paraissent plus favorables aux alliés ; notre offensive en Champagne est victorieuse. Les Russes, après avoir battu en retraite et évacué la Prusse Orientale, ont repris une vigoureuse offensive, ils ont culbuté Allemands et Autrichiens et réoccupé la ville de Pranysch qu'ils avaient dû évacuer.

Un troisième événement qui s'est produit depuis quelques jours, fait pencher la balance en notre faveur. Une grande opération maritime a été soudain entreprise dans les Dardanelles. Tous les forts du détroit ont été bombardés et réduits au silence et les troupes de débarquement anglo-françaises en ont pris possession. Au début, l'on croyait à une simple diversion, mais cela paraît bien la prise de Constantinople que les Alliés ont en vue, imitant les croisés du moyen-âge, marchant contre les Musulmans. C'est un très beau rêve et qui semble pouvoir se réaliser. Les cuirassés français et anglais, 52 bâtiments en tout, ont conquis la presqu'île de Gallipoli, et pendant que les Français bombardent les côtes du golfe de Saros, à gauche de la presqu'île, les Anglais, à droite, réduisent au silence les forts de la ligne de Boulair.

Le jour où les Alliés entreront à Constantinople, quelle fête et quel enthousiasme dans notre pays qui, depuis 1870, baissait la tête comme un vaincu !

Le Blocus complet de l'Allemagne a été décrété par l'Angleterre en réponse à la menace du blocus de ses côtes. Tous les navires transportant des comestibles à destination du Reich seront saisis en mer.

Les Boches passent décidément un mauvais quart d'heure en ce moment. Hier, un vol de cigognes en triangle a passé au-dessus de notre quartier, les oiseaux de légende se hâtent de regagner l'Alsace redevenue Française !

19 Mars 1915.

Le chef d'Etat-major, en passant près de moi, dit à un Officier de liaison : « Les Allemands pourraient tenter un coup sur Soissons, pour produire un effet moral ». Je sais, en effet, qu'on surveille de très près ce secteur ces jours-ci.

Des bruits sinistres circulent ici : le Général Maunoury aurait été grièvement blessé à la tête au cours d'une tournée sur le front. Il y a une heure, est arrivée une dépêche. Aussitôt, le Colonel Schneider et le Commandant Mittelhauser sont partis en auto, la figure bouleversée. Un médecin-major s'est rendu chez le sous-chef et est ressorti précipitamment de son bureau pour monter en voiture. Dans l'auto du général avaient pris place ce matin le Colonel Brécard et le Capitaine Dupont, qui remplace l'officier d'ordonnance du Général, le lieutenant Painvin.

12 Mars 1915.

Le tragique événement, que faisaient pressentir les tristes rumeurs d'hier, était, hélas ! parfaitement exact. Le Général Maunoury a été blessé à la tête, ainsi que le Général de Villaret qui l'accompagnait.

Hier au soir, quand le chef d'Etat-major est rentré, pâle et l'air ému, il me dit : « Prévenez tout de suite les ordonnances du Général et dites qu'on prépare immédiatement sa chambre ». A l'arrivée du Colonel, tous les officiers de l'Etat-major, jusqu'aux plus petits officiers d'administration, ont tout quitté, bureaux et travail et se sont engouffrés dans le bureau du chef qui leur a annoncé officiellement la triste nouvelle de la blessure du Général.

Voici comment les choses sont arrivées : le Général était parti avec ses officiers, parmi lesquels le Colonel Brécard, visiter le front du côté d'Ecuiry. Le Général de Villaret les avait rejoints. En faisant leur tournée, ils étaient arrivés à 50 mètres des tranchées ennemies. Il y avait un petit monticule, le Général de Villaret s'y installe, et invite le Général Maunoury à monter près de lui. Celui-ci monte avec le Colonel. Soudain, une balle arrive, frappe le Général Maunoury à la joue gauche, fait ricochet et entre dans le front du Général de Villaret. Brécard les reçoit tous deux dans ses bras. Le Général Maunoury trouve encore la force de dire :

« Alors, vous avez bien retenu mes ordres, un bataillon ici, deux bataillons là et l'artillerie à tel endroit ». Et il se laisse coucher sur un brancard fait de feuillages. Le Général de Villaret peut encore marcher 1.500 mètres derrière le lugubre cortège, mais ses forces l'abandonnent et on le place aussi sur une civière. Le Général Maunoury fut transporté à Ecuiry, c'est là que son gendre, le Colonel Schneider, vint le rejoindre.

Vers 7 heures 1/2, une voiture d'ambulance ramenait le Général et son gendre à la maison de la rue Demoustiers, voisine du quartier-général, où loge notre chef d'armée. Les chasseurs à pied de planton l'ont descendu : sa tête était bandée de linges sanguinolents, le haut de la veste ouverte laissait voir la chemise rouge de sang. Le Général pendant le transport de la voiture à la chambre toussa, les chasseurs virent à un geste qu'il fallait se presser et aussitôt arrivé, un planton, n'ayant rien sous la main et ayant présenté au Général un - vase de nuit - celui-ci vomit du sang. Peu après, le major lui a recousu les chairs, replacé les os, lui a fait un nouveau pansement. Deux sœurs et le médecin inspecteur Général Nimier sont restés auprès de lui.

La nuit fut calme. Le bulletin portait hier soir : « Plaie de la joue profonde, par éclat d'obus, ou par balle et perte totale de l'œil gauche. Etat cérébral excellent, état général satisfaisant ».

Le Colonel Schneider partit hier soir pour le Loir-et-Cher prévenir Madame Maunoury. La nuit passée sans fièvre, le médecin principal dit au Général ce matin : « Si vous aviez 30 ans de moins, j'en répondrait ». L'on craint des suppurations dans le cerveau et ce n'est que dans quatre jours que l'on saura si le Général est sauvé. Il a 67 ans et l'on craint un trop grand état de faiblesse. C'était un chef charmant, simple et modeste, qui n'élevait jamais la voix et que nous aimions beaucoup tous.

Quant au Général de Villaret, on le dit encore plus grièvement blessé. La balle entrée par le front est restée dans la boîte crânienne et l'on a dû ce matin le trépanner. Toute la matinée, notre Quartier-général fut silencieux et calme ; les autos ne passent plus de peur de fatiguer le blessé et un service d'ordre est organisé par les gendarmes. Le Général Joffre est venu ce matin et après avoir causé quelques instants avec le chef d'Etat-major, il s'est rendu chez le Général Maunoury, qui put lui dire quelques mots, et le décora de la médaille militaire. Joffre, que je vis de tout près pour la première fois, est un grand homme fort, épaules hautes, gros ventre, l'air énergique, le képi enfoncé sur les yeux, qu'on ne voit jamais, une moustache blanche bien militaire et beaucoup de simplicité. Les Généraux Delaporte et Delarue sont venus prendre des nouvelles, ainsi que le Colonel Franz, de la part du ministre. Poincaré doit venir également ; Maunoury est le premier Général d'armée blessé sur le front.

Le sous-chef déclarait ce matin : « Nous n'avons pas de veine ; en trois semaines, deux Généraux de corps d'armée (Grandmaison et Villaret) et le Commandant d'armée ! ». C'est exact, sans oublier que c'est dans notre armée que fut déjà tué le Général Bridou. Le Commandant Rolland, du 1ᵉʳ bureau, me dit : « C'est épouvantable, quel terrible coup double ! »

On a distribué ce matin aux troupes une proclamation, émanant du 2me bureau du Grand Quartier-général : « La victoire est certaine ; les Français ont lutté pendant 7 mois avec la volonté de vaincre, ils doivent se battre maintenant avec la certitude de vaincre ». Suivent plusieurs paragraphes prouvant que les Allemands sont battus par nos victoires et par la famine.

Le fils du Général Maunoury vient d'arriver avec Madame Schneider, sa sœur.

13 Mars 1915.

Etat du Général Maunoury : « Nuit calme sans fièvre (36.8) rien ne fait prévoir jusqu'à présent de complications ». Le Général de Villaret a reçu la balle au-dessus de l'arcade sourcilière gauche. Il a été radiographié, mais aucun projectile n'a été découvert. C'était sans doute une balle morte qui est retombée sans pénétrer dans le crâne. Le Général reprendra son commandement dans un mois.

Voici la note par laquelle le Colonel a fait part aux Officiers et aux troupes de la 6me armée de la blessure des deux Généraux : « Le Colonel chef d'Etat-major
» de la 6me armée a le grand regret de porter à la
» connaissance des officiers et des troupes de l'armée
» que notre chef vénéré, Monsieur le Général Mau-
» noury a été grièvement blessé le 11 Mars, en visitant
» les tranchées du plateau de Nouvron. Le Général a
» été atteint d'une balle à la tête, au moment où il se
» mettait à un créneau. La même balle a ensuite frappé

» Monsieur le Général de Villaret, Commandant le
» 7me corps.

» Le médecin inspecteur général de l'armée espère
» que si aucune complication ne se produit, le Géné-
» ral pourra survivre à la terrible blessure. Ce soir,
» 12 Mars, un pansement a été fait par M. le Médecin
» inspecteur principal, assisté du professeur Tuffier.
» L'état général est aussi satisfaisant que possible. Les
» médecins ont recommandé de maintenir le Général
» dans le plus grand calme et le silence complet ».

Poincaré est venu hier, accompagné du Général Du-
parge, il est resté cinq minutes auprès du Général. Le
canon tonne beaucoup aujourd'hui, on parle d'une
grande attaque pour le 20 Mars.

II

SOUS LE COMMANDEMENT DU GENERAL DUBOIS

16 Mars 1915.

Le Général Dubois, ancien directeur de Saumur, a remplacé par intérim le Général Maunoury. Il est grand et mince, l'air martial, moustaches blanches, nez proéminent et busqué, regard très droit et sévère. Son allure nous change bien de la petite souris discrète et aimable qu'était le Général Maunoury. Mais il a l'abord bienveillant et simple et sera aussi agréable à servir que son prédécesseur.

Les forestiers sont en train d'allumer les feux dans les divers bureaux. Comme ils ont l'habitude des bois — c'est eux que l'on a chargés d'allumer le bois dans les pièces du Quartier-général. Je me demande quel fut l'inventeur de cette facétie ! Ce sont presque tous des basques, qui ont une grande adresse pour faire couler le pinard à distance, de leurs outres en peaux dans leur bouche. Ils sont joviaux et mettent de la gaieté dans ce séjour plutôt triste. La question des feux joue un grand rôle ici et il faut qu'ils soient tous pris et bien pris avant l'arrivée des officiers. Les forestiers y mettent tous leurs soins, malgré cela, certains de ces Messieurs ne sont jamais satisfaits de la chaleur de leur bureau.

Madame de Villaret et sa fille sont venues rendre visite au Colonel, retour d'Ambleny, où est cantonné leur mari et père blessé. Mademoiselle de Villaret est une petite blonde, les cheveux coupés en frange sur le front, fine et distinguée. Elle portait un manteau de loutre noire et un petit chapeau de teintes sombres.

Le Commandant Rolland, brave officier à barbe blanche, court et trapu, un air de vieux général boër, nous a quittés. Il avait les larmes aux yeux et nous a serré à tous la main. Il appartient au 1ᵉʳ bureau, bureau des munitions et convois, était très bon et adoré de tous.

Un quartier-général d'armée comprend, en effet, quatre bureaux : le premier bureau, dont je viens de parler ; le deuxième bureau, bureau des renseignements, de l'espionnage, de la police secrète : le troisième bureau, bureau de la stratégie et de la préparation des opérations, et enfin le bureau du courrier. Il existe un petit bureau indépendant, le bureau du chiffre où un seul officier en général est chargé de traduire le langage chiffré à l'aide de ses grilles.

Depuis le mois d'Août, presque tout l'Etat-major est renouvelé et il reste bien peu d'officiers qui s'y trouvaient à cette date. Sont partis : le Général Maunoury, remplacé par le Général Dubois ; le Colonel Guillemin, chef, remplacé par le Colonel Brécard : le Lieutenant-Colonel Filonneau, de rapports charmants, remplacé par le Lieutenant-Colonel Duval, sous-chef. Sont passés au Quartier-général et l'ont quitté : les Capitaines Rinckenback, Bru, de Douglas, Cabieux Allegrini ;

Commandant d'Esperey, Lieutenants Bontemps, Guillaume. Sont arrivés pour les remplacer : le Commandant Dinet, Capitaines Voruz, Dupont, Müntz, Garibaldi, Lieutenant Droz, Commandant Mittelhauser. — Depuis le mois d'Août, sont toujours là : le Lieutenant-Colonel Schneider, chef du troisième bureau, les Commandants Dutilleul et Laplace, les Capitaines Goudeau, Savornin, d'Harcourt, Berteaux ; Lieutenants Marlot, Delcamp, Vacber, officiers d'administration.

Mercredi 17 Mars 1915.

Hier après-midi, tous les Généraux de l'armée sont venus saluer le nouveau commandant de l'armée. Ont défilé : les Généraux Crépé, qui remplace Villaret, de Laporte, Ebener, Dresprez, de l'Epée. Mademoiselle Canton-Bacarat, qui a été décorée dernièrement pour son dévouement à l'Hôpital de Vauxbuin, est venue voir le chef d'Etat-major. En son uniforme d'infirmière tout blanc, y compris bas et souliers, recouvert du manteau bleu où sont brodés deux galons rouges, avec son voile blanc sur la tête et le ruban rouge épinglé à son corsage, elle était fort élégante. C'est une jeune fille assez mûre, dans les 30 ans, l'air énergique, très brune, les traits réguliers et ordinaires.

Le Général Maunoury avait 39 degrés hier soir et reconnaissait vaguement les siens. Le docteur Tuffier avait prévu cette température pour la soirée et son état ne paraît pas plus inquiétant que ces jours derniers.

Il fait beau, voilà le printemps qui vient !

Lundi 22 Mars 1915.

Avant-hier, deux Aviatiks et un Taube nous ont survolés, laissant tomber trois bombes. Les Aviatiks sont passés à 8 heures, et le Taube à 9 heures. J'ai vu au-dessus de l'église les petites nuées blanches des fusants alignées dans le ciel bleu, repérant l'endroit d'où avaient été jetées les bombes, après la disparition de l'Aviatik. La bombe du Taube fit un épouvantable tapage. Quatre zeppelins sont venus survoler Paris dans la nuit de Samedi à Dimanche. Deux ont rebroussé chemin à Ecouen et à Mantes, deux autres ont côtoyé la lisière de la capitale, lançant des bombes rue de Clichy, rue des Dames, rue Dulong, à Puteaux, Suresnes, Neuilly, Compiègne. Quelques dégâts matériels, une femme tuée et 8 blessés.

Dans les Dardanelles, deux navires anglais et le « Bouvet », français, ont coulé. Néanmoins, les opérations continuent.

Les Russes sont entrés de nouveau en Prusse Orientale et occupent Memel depuis le 18 Mars. J'entends dire cet après-midi — ce n'est pas officiel — que Przemysl aurait succombé. Donc, il y a du bon et du mauvais, cela se compense.

Le Général Delarue, commandant la 48me division, a été tué en première ligne en Champagne. Il était parent du Général de la D.E.S. de la 6me armée (D.E.S., Direction Etapes et Services), et je l'avais aperçu au Quartier-général, c'était un officier de taille moyenne, sec, à barbiche grise, l'air sérieux.

Le Général Maunoury a été transporté à Paris, rue de la Pompe, clinique de la Sœur Candide, qui fit tant parler d'elle il y a quelque temps. Il ne va pas très bien.

Hier matin, le Colinel Brécard a été fait officier de la Légion d'Honneur dans la cour de l'Etat-major. Il faisait un temps splendide. Tous les officiers étaient rassemblés et les uniformes variés formaient une assistance chatoyante. Au centre, se détachait la note claire du dolman bleu azur de notre colonel, toujours élégant et très jeune. Le Général lui dit : « Commandant Bré- » card (sic), je suis particulièrement heureux que les » circonstances fassent que ce soit moi qui vous re- » mette la Croix d'Officier ». Ils se sont connus jadis, en effet, le Colonel ayant été au service technique de la cavalerie à Paris. Le geste de l'épée posée sur chaque épaule est bien beau et rappelle les temps de la chevalérie.

Le Général Dubois a pour officier d'ordonnance le Capitaine Malivoire de Camas. Le Député de Chappedelaine fait partie à présent du Quartier-général sous l'uniforme de lieutenant de dragons.

A 20 heures 1/4, un zeppelin est signalé ici, se dirigeant sur Compiègne.

23 Mars 1915.

Hier soir, à 8 heures 30, deux explosions retentissaient, et ce matin le communiqué déclarait :

« Dans la soirée du 22, à 20 heures 30, trois bom- » bes ont été lancées sur Villers-Cotterets et l'on a si- » gnalé un zeppelin se dirigeant vers l'Ouest. L'alarme » a été donnée à Paris où toutes les dispositions pré- » vues ont été prises ».

» Le communiqué russe annonce la chute de Prze-

» mysl le 22 Mars : « Ce matin, 22 Mars, la forte-
» resse de Przemysl s'est rendue à nos troupes. Un
» Te Deum d'actions de grâces a été célébré au Quartier-
» général du généralissime, en présence de l'empereur,
» du généralissime grand-duc Nicolas et de tout l'Etat-
» major ».

Trois Taubes sont passés ce matin au-dessus de Villers, lançant 4 bombes incendiaires, ils furent fort mitraillés et un de nos avions s'est élevé pour leur donner la chasse. Des coups de fusil furent tirés dans la soirée d'hier par un homme ivre et il y a eu confusion avec les bombes. Cependant, un zeppelin était bien signalé et a dû nous survoler, mais pour ce qui est des bombes, malgré le communiqué officiel, la question est des plus controversées ici.

28 Mars 1915.

Dernièrement, j'ai remis au Général une note sur la « teinture des chevaux gris ou blancs ». J'y ai vu qu'on se servait de permanganate de potasse et de bisulfite de sodium. Je ne m'en serais jamais douté.

A la suite de la prise de Przemysl, notre grand Etat-major est décidé à tenter une attaque générale sur tout le front à Pâques. Les Allemands seront préalablement arrosés sur tout le front de 250.000 obus par jour pendant plusieurs jours, dit-on !

« Le Bulletin des Armées », qui paraît pour les troupes depuis Septembre, est rédigé de façon fort intéressante ; voici le numéro 83 du Jeudi 25 au Samedi 27 Mars 1915 :

UN ARTICLE DE CHERADAME sur « Le Piège

de la Paix Germanique », prouvant que cette paix favorisera le plan d'extension pangermaniste avec carte de la frontière pangermaniste.

LA GUERRE AUX COLONIES — Opérations françaises au Cameroun Allemand.

FAITS DE GUERRE du 23 au 26 Mars.

ECHOS DE FRANCE ET D'ETRANGER — Faits divers rédigés avec humour.

CONTES DU BULLETIN : Histoire de l'invalide à la tête de bois (1750).

SUR MER — Opérations dans les Dardanelles.

RESULTATS DE LA REDDITION DE PRZEMYSL.

LA JOURNEE SERBE A PARIS.

CITATIONS.

AU PARLEMENT : Création de la Croix de Guerre pour les citations, votée le 26 Mars par le Sénat.

D'AUTRES HEROS : Les Dragueurs de mines dans les Dardanelles.

LA FIN GLORIEUSE DU BOUVET — Commandé par « Rageot de la Touche ».

CONSEIL DE GUERRE — Condamnation du payeur aux armées Desclaux (Caillaux était aussi jadis payeur aux armées) convaincu de détournements au préjudice des troupes et de son amie, Mme Béchoff.

LES PRISONNIERS MALTRAITES.

LE PONT DE MINAUCOURT — chanson.

LA CUISINE DU TROUPIER — Recette du riz à la chinoise.

LE TABLEAU D'HONNEUR — Citations à l'armée : « Les braves dont les noms suivent, ont été cités à l'ordre de l'armée ».

4 Avril 1915.

De service pendant que déjeûnent mes camarades, j'introduis chez le chef d'armée le Général Dolot, grand, sec, à barbiche blonde grisonnante, l'air bon garçon.

Nous voici le jour de Pâques ! Il y a deux ans à pareille époque, j'étais à Lourdes et l'an dernier sur le bord du Grand Canal à Venise ; que ces temps paraissent lointains et d'un autre âge ! Cette année, je passe mon Dimanche de Pâques sous l'uniforme de sergent à Villers-Cotterets. Où sont les déjeûners joyeux des vacances, au retour de la messe de onze heures, par un soleil splendide qui égayait les grands sapins verts ?

On manque tellement d'officiers d'infanterie que 700 officiers de cavalerie tirés au sort, viennent d'être récemment versés dans l'infanterie avec grade supérieur, 300 officiers supérieurs de cavalerie subiront prochainement le même sort.

Hier matin, passait dans le couloir, le Général Comby, Commandant la 55ᵐᵉ Division. Un petit lieutenant l'accompagnait, qui voyant sur ma table une lettre portant mon nom, se fit connaître et fut très aimable à la façon des jeunes gens de la Jeunesse Catholique, que je n'aime pas fort, car ils font de la religion, non seulement leur seule politique, ce qui est un non sens, mais une politique, ce qui est des plus fâcheux pour le catholicisme et souverainement déplaisant. C'était le Lieutenant Bazire, ancien Président de l'A.C.J.F.

Dans l'après-midi, j'ai bavardé avec le Commandant de Gigord, qui venait voir le chef d'Etat-major. Il est toujours très gracieux et charmant.

A la messe, ce matin, j'entendis jouer un morceau de violon que j'avais apprécié jadis aux jours de paix. Il m'a bien ému, me rappelant les douces heures d'autrefois.

La Bulgarie se prépare à marcher contre la Serbie.

5 Avril 1915.

Je viens de terminer un ouvrage remarquable : « DEVANT LA DOULEUR », de Léon Daudet, seconde série de ses souvenirs, de 1880 à 1905, publié en Décembre 1914. C'est un ouvrage d'histoire qui fait penser et à propos de tel personnage, de telle aventure, Daudet vous ouvre des horizons insoupçonnés et part sur un thème philosophique vrai et d'une profonde humanité. Léon Daudet a plus de profondeur que son père, sans en posséder le style délicieux et alerte. Il voit même le dessous des choses, mais effleure avec moins de finesse leur superficialité.

7 Avril 1915.

Explosions formidables qui font trembler les habitations : il est fait des essais d'un nouvel explosif dans la campagne aux portes de Villers : la Turpinite, dit-on, poudre Turpin, qui asphyxierait à plusieurs kilomètres à la ronde. Si cela est exact, quel bel engin contre les tranchées boches !

J'ai changé de cantonnement ou tout au moins de billet de logement et suis installé à présent dans une belle chambre où j'ai un lit pour moi tout seul, tandis qu'auparavant, j'étais obligé de la partager avec un camarade.

Les Généraux sont de retour de l'expérience et se sont réunis chez le chef d'armée et ce formidable explosif a dû être adopté, car le Colonel Duval, sous-chef, déclara au Colonel Schneider :

« Le Général a dit que cela vengerait les chefs per-
» dus et qu'il laissait à son successeur le soin de le
» venger à son tour de la même façon, s'il était tué ».

Une circulaire ayant interdit les appareils photographiques, j'ai obtenu du sous-chef la permission de conserver mon Vest-Pocket, qui m'a déjà rendu tant de services, à condition d'être prudent et de garder pour moi les vues prises sans les envoyer à l'Illustration.

27 Avril 1915.

Il est venu beaucoup de monde au Quartier-général ce matin : le Général de Cornulier-Lucinière et son chef d'Etat-major, le Colonel de Puymaigre, le Général Martineau, le Comte de Bertier, qui habite Cœuvres, le Comte de Montesquiou, petit, maigre, moustache blonde, qui a demandé le Capitaine d'Harcourt.

Les Généraux de l'armée, Villaret, Desprez, Ebener, sont chez le Général Dubois, tous de retour d'une expérience de tirs d'auto-canons, dont nous entendions d'ici le fracas. Ils sont destinés à agir contre les avions boches.

Le Général Ebener, parlant des peaux de moutons que portent les hommes par temps froid, vient de déclarer « qu'on les réserverait pour la prochaine campagne d'hiver ! ! »

Les Allemands ont remporté dernièrement un avantage près d'Ypres, grâce aux bombes asphyxiantes dont ils se servirent, ainsi qu'à l'Hartmannwillerskopf. L'Italie et la Roumanie bavardent, mais n'interviennent toujours pas.

La forêt de Villers est charmante à cette époque et je m'y promène chaque fois que je ne suis pas de service. Les sous-bois sont exubérants de verdure, de ronces, de muguets odorants et de petites jacinthes bleues.

Je suis allé passer la soirée du 6 chez le Comte de Guichen qui habite la même maison que moi et m'avait aimablement prié de venir le voir. C'est un ancien secrétaire d'ambassade, aimable et fort intéressant, un peu apprêté quant il parle de « la carrière », comme le sont tous ses collègues. Il est interprète à la 6ᵐᵉ armée. Le Général Conneau, grand et distingué, est venu ce matin, ainsi que quelques hommes politiques, le sénateur Bussière, qui, eng..... par le capitaine Cartier et le chef d'état-major, est venu se plaindre au Général ; Butin, député de l'Oise, fort mal reçu par le Général : « Ceux qui sont à plaindre, lui a-t-il dit, d'une voix forte, ce ne sont pas les parlementaires, mais les gens qui sont dans les tranchées ».

M. de Chappedelaine est rentré d'une permission de huit jours pour assister aux travaux de la Chambre où il avait été nommé Président d'une commission des arsenaux. Il est revenu affublé d'une vareuse longue, bleue claire, très cintrée, excessivement élégante, parfaitement ridicule ici, en un pareil temps.

J'ai fait la connaissance littéraire de d'Annunzio par son bouquin « Episcopo et Cie » que je lus ces jours-ci. C'est une suite de nouvelles assez jolies ; en particulier, celle intitulée « Les Cloches », véritable chef-d'œuvre écrit dans un style coloré, d'un grand lyrisme. Cet auteur politicien a pris la parole hier à la cérémonie des « Mille » en Italie, à laquelle le Roi d'Italie avait refusé d'assister, ce qui provoqua de nombreux commentaires de la presse française.

L'Italie part un jour en campagne, ne part plus le lendemain, ce sont des bavards, qui se réservent peut-être pour le jour de la paix.

L'Etat-major du Croutroy, qui dépend de notre armée, a été bombardé dernièrement ; il y eut parmi les forestiers un tué et six blessés. A quand le bombardement de Villers ?

L'opération des Dardanelles semble bien marcher et prochainement par terre et par mer les alliés entreront à Gallipoli.

Les affaires se gâtent entre la Chine et le Japon. C'est encore un coup des Boches, pour créer des brouilles entre les Alliés.

Au début de Mai, les Boches ont coulé un grand paquebot de voyageurs américains, le « Lusitania », faisant 1.500 victimes, parmi lesquelles le millionnaire Vanderbilt. Cet attentat a soulevé l'indignation générale, mais le paisible Wilson se bornera à un message de reproches envoyé à l'Empereur. En Angleterre, par contre, on interne tous les Austro-boches restés à Londres et les Anglais pillent les commerçants allemands et saccagent leurs boutiques. Cela ne fera pas de mal aux

Anglais qui, nous laissant tout le poids de la guerre, nous ayant lié les mains par le traité du 4 Septembre qui nous empêche de conclure seuls la paix, ne nous envoient toujours pas le million d'hommes promis et retireront, comme c'est leur habitude depuis tant de siècles, le plus gros bénéfice du cataclysme mondial.

Je m'interromps pour regarder un Taube qui nous survole à une très grande hauteur. Les mitrailleuses s'acharnent à tirer sur lui, mais ne lui feront certainement aucun mal.

Les Anglais, dis-je, savent toujours tirer les marrons du feu, et les Français sont les ennemis héréditaires de cette race de proie. En 1870, ils nous avaient nargués et Sarcey, dans « Le Siège de Paris », marque toute la haine que les Français ressentaient alors pour Albion et déclare : « On ne peut connaître l'avenir, mais si jamais le hasard nous met en position de jouer un mauvais tour aux Anglais, il faudra à nos hommes d'Etat bien du sang-froid et une grande autorité sur la nation pour nous empêcher de suivre aveuglément contre eux la passion qui nous emporte ! »

Or, nous sommes en 1915, et 45 ans après 70, paraissons les meilleurs amis du monde ! Quant à moi, je les considère toujours comme de dangereux alliés.

Nous venons de remporter un brillant succès dans le Nord, près d'Arras : les trois jours, 11, 12 et 13 Mai, nous avons repris Notre-Dame de Lorette, La Targette, Ablain, Saint-Nazaire, Neuville Saint-Waast et Carency, village fortement organisé par les Boches, où nous fîmes prisonniers 3 bataillons de chasseurs, 6 compagnies de pionniers et pris un nombreux butin, 100 mitrailleuses,

20 canons, dont 8 pièces lourdes. Le total des prisonniers pour ces trois jours fut de 4.000 Boches, dont une centaine d'officiers. C'est là une vraie victoire !

Les Russes, eux, reculent devant le choc allemand, les troupes du Reich sont entrées à Libau et dans les provinces baltiques ; cependant, le communiqué boche de ce matin avoue que l'armée russe s'est avancée vers Bertyn et Melalla.

Les opérations dans les Dardanelles marchent bien, mais c'est long et les illusions du début qui nous faisaient croire que l'on réussirait par la flotte seule et qu'en un mois nous serions à Constantinople sont bien tombées. Des troupes ont dû être débarquées sur les côtes, tandis que les Russes arrivent sur mer et sur terre par le Bosphore. Constantinople, prise entre deux feux, ne pourra résister longtemps.

Les Italiens, après la cérémonie des « Mille » à Quarto, semblaient partis pour la guerre : mobilisation, création d'hôpitaux et d'ambulances, réquisitions, rien ne manquait, mais les Neutralistes, dirigés par Giolitti, ont tenté une manœuvre contre Salandra et Sonnino, les interventionnistes. Le Cabinet Salandra a dû démissionner. Peut-être, cependant, cet homme d'Etat sera-t-il appelé de nouveau à former un ministère ? .

L'opinion publique est très montée dans le pays et forcera la main au Roi pour déclarer la guerre à l'Allemagne. La triplice qui unissait Allemagne, Autriche, Italie, fut dénoncée le 9 Mai par le ministère Salandra. Là chute de ce politicien est le résultat d'une manœuvre de M. de Bülow, ambassadeur du Reich auprès de la Cour d'Italie, qui a suscité la résistance de Giolitti.

La 55ᵐᵉ division a traversé la Ville, il y a 8 jours, commandée par le Général Pauffin de Saint-Morel. Elle quittait notre armée et se rendait dans la région d'Arras. Étant de repos hier, je fus visiter le cimetière en compagnie de M. C... chez qui je loge pour l'instant. Il m'a fait remarquer une chapelle écornée par une balle allemande au mois de Septembre 1914. 11 chasseurs à cheval en reconnaissance tiraient dans le cimetière contre les Uhlans qui se trouvaient de l'autre côté de la voie ferrée, dans les bois. Un chasseur fut tué au cours de cette reconnaissance, dans Villers même. Plusieurs tombes attirèrent mon attention, celle de Demolombe, recteur de la Faculté de droit de Caen, bâtonnier de l'ordre des avocats, et celle des Dumas : l'une est la tombe du Général Dumas Davy de la Pailleterie, l'autre celle d'Alexandre Dumas. Une dalle posée à terre sur quatre pierres, une à chaque coin, dans un enclos carré de feuillages et de buis énormes. C'est là que repose le fameux romancier, qui a charmé les humains de sa verve et de son imagination.

25 Mai 1915.

Le grand fait actuel est l'entrée en scène de l'Italie. A la séance du 20 Mai, le Parlement, par un vote de confiance au ministère Salandra, adopta la guerre et les journaux d'hier nous ont annoncé la déclaration de guerre de l'Italie à l'Autriche. L'Allemagne s'est jointe à l'Autriche contre Rome et toute la presse teutonne fulmine contre son ancienne alliée qu'elle appelle « traître » et « vendue ». Voici le premier communiqué officiel du royaume Italien : « 24 Mai — On pré-

» voyait qu'aussitôt la guerre déclarée, des actions
» offensives se produiraient contre notre côte de l'Adria-
» tique, visant à produire un effet moral plutôt qu'à
» atteindre au but militaire, mais on avait pourvu à y
» faire face et à rendre leur durée très courte. En effet,
» des petites unités navales ennemies, spécialement des
» contre-torpilleurs et torpilleurs, ont, dès le 24 cou-
» rant, entre 4 et 6 heures, tiré des coups de canon sur
» nos côtes de l'Adriatique, en même temps que dès
» aéroplanes tentaient d'attaquer l'arsenal de Venise.
» Les navires ennemis, après un très court bombarde-
» ment, furent forcés par nos torpilleurs de s'éloigner.
» Les localités attaquées sont Porto Corsini, qui répon-
» dit immédiatement et obligea l'ennemi à s'éloigner
» aussitôt ; Ancône, où l'attaque dirigée particulière-
» ment sur la ligne de chemin de fer, dans le but d'in-
» terrompre les communications, a causé des dommages
» légers facilement réparables ; Barletta, où l'attaque
» fut faite par un explorateur et par des contre-torpil-
» leurs, qu'un de nos navires, escorté par des torpil-
» leurs, mit en fuite. Enfin, à Jesi, les aéroplanes en-
» nemies lancèrent des bombes sur un hangar, mais
» sans atteindre leur but ».

Ouf ! Si le peuple italien n'est pas satisfait après un
tel communiqué, c'est qu'il est difficile. Le Commandement italien ferait bien de prendre modèle sur la conci-
sion toute militaire des communiqués français.

26 Mai 1915.

Les événements se succèdent heureux et la victoire se
précise de plus en plus. Quelle belle époque nous vi-

vons ! Il est dix heures et avant de reprendre mon service, je suis venu m'abriter en forêt contre le soleil
torride et l'implacable ciel bleu. Les rayons solaires sont
bien tamisés par les jeunes et vertes frondaisons et il
règne une bonne fraîcheur parmi toute cette verdure.
C'est le silence, sauf quelques chants d'oiseaux et le
monotone refrain de la mésange qui rappelle si bien
mes forêts vosgiennes. Un long sifflement de train au
loin et le familier croassement d'un corbeau qui passe
en rasant les cimes des hêtres et des platanes. Voilà mon
décor — et voici l'action.

Les Italiens ont franchi la frontière autrichienne et
occupé Carmiole, Caporetto, Cervignano, Tezo. Les
Russes ont refoulé l'ennemi sur un front considérable,
dans le marais du Dniester, en lui faisant 2.000 prisonniers.

A la Chambre française, le Président Deschanel et le
Président du Conseil Viviani ont salué dans de beaux
discours l'entrée en scène de l'Italie sur le théâtre de la
guerre. Monsieur Tittoni, ambassadeur d'Italie, qui se
trouvait au premier rang de la tribune diplomatique, a
été acclamé par tous les députés. Paris pavoise aux couleurs italiennes.

C'est une histoire magnifique qui s'écrit en ce moment, histoire de légende, épopée qui bouleversera le
monde et fait entrevoir un avenir qui vous remplit
d'enthousiasme !

31 Mai 1915.

Une attaque se prépare sur l'Aisne contre le front
ennemi. Le chef d'Etat-major a déclaré au Capitaine

Voruz, du 3me bureau : « Jamais attaque ne fut si bien
» préparée, nous avons un bon Général de brigade, un
» bon Général de division, tous les atouts en mains ».
L'attaque se déclancherait du côté de la maison de garde
d'Offémont. Le Général Joffre est venu hier au
Quartier-Général donner le dernier coup d'œil en vue
de cette nouvelle offensive.

Le chef paraît à l'avance si sûr de sa victoire que
j'ai quelque défiance, malgré moi ; surtout après la
triste affaire de Crouy.

J'ai plaidé ce matin pour un civil qui avait déclaré
aux gendarmes : « Vous êtes une bande de vaches »,
15 jours de prison. Comme il a déjà fait 16 jours de
prison préventive, il a été libéré.

6 Juin 1915.

Minuit... Nous voici revenus aux jours émouvants
où l'on ne dort plus. Une grande attaque a eu lieu ce
matin, qui avait été retardée de 24 heures à cause du
temps. Le chef d'Etat-major et le Général passent leur
journée au poste de commandement du Croutoy.
J'ignore encore si c'est une offensive partielle sur notre
front de l'Aisne ou une attaque générale. Mais le canon
a roulé sans arrêt toute la matinée, nous rappelant les
jours des combats de Crouy. D'après les racontars, —
ce ne sont jamais que les reliefs du festin, — nous aurions pris aujourd'hui 2 canons de 70, 5 lignes de
tranchées sur une profondeur de 1.500 mètres. Tous
les officiers doivent se faire réveiller à 4 heures demain
matin par le planton qui couche avec moi cette nuit au
Quartier-général.

Le chef m'a recommandé à son départ, vers 23 heures, pour aller se coucher, de lui apporter tous les télégrammes et communications téléphoniques qui arriveraient — or, le lieutenant de Chappedelaine, qui est de service au bureau du courrier, commençait déjà à lui apporter des dépêches de — ravitaillement ! !

Passer une nuit blanche ne me plait guère ce soir, devant plaider demain trois affaires, dont deux très longues.

Hier, je fis une charmante promenade à Béthizy-Saint-Pierre, par un temps radieux dans une vallée verdoyante semée de châteaux et de très vieux villages à 22 kilomètres d'ici. J'avais à m'entendre là-bas avec une jeune cliente de seize ans que je dois défendre demain et à qui je tenais à recommander de ne pas faire défaut, comme elle avait paru en exprimer l'intention au greffier.

Une dépêche portée tout-à-l'heure au chef, couché à présent, signalait qu'un dirigeable était passé au-dessus de nos lignes se dirigeant vers le Sud. C'est encore sans doute pour la capitale !

Il fait chaud, les portes sont grandes ouvertes, je vais peut-être dormir un peu dehors. Quelle vie intense l'on mène ici !

9 Juin 1915.

Lundi dernier, avant-hier, longue journée au Conseil de guerre. J'avais trois affaires à défendre : affaire M... transport d'alcool sur la zône interdite — 3 francs d'amende ; affaire B. & Cie 8 femmes et 1 homme coupables de pillage, vol simple et complicité de vol par recel — peines variant entre un jour et 20 jours de prison. Ma plaidoierie s'est terminée au milieu des sanglots bruyants de toutes ces dames.

Affaire C... L... 2 femmes poursuivies pour propagation de fausses nouvelles, l'une âgée de 35 ans, la seconde ayant à peine 16 ans. Ces deux dames avaient répandu la nouvelle que les Boches arrivaient à Compiègne. C'était la raison, avaient-elles dit, qui les chassait de cette ville qu'elles habitaient. Or, la vraie raison était leur vie débauchée qui les faisait expulser de la zône des armées. Le dossier de la jeune fille était assez suggestif. Un détachement de dragons ayant cantonné dans son village, la popote des sous-officiers était installée dans sa maison. Et ces Messieurs, en guise de distraction, se faisaient servir sur leur table, posée sur un grand plateau, leur jeune hôtesse dans le plus simple appareil, comme une belle poularde truffée.

Le Conseil, vu le jeune âge de la coupable et les circonstances de la faute, elle était restée toute seule à la maison, sa mère étant partie dès son enfance et son père ayant été mobilisé, ne l'a condamnée qu'à 5 jours de prison avec sursis. J'ai causé avec elle avant la séance, c'est une petite brune assez jolie, à la conversation primesautière. Elle me pria, pour me remercier, d'aller déjeûner chez sa Tante qui l'a recueillie à B... St P... Inutile de dire que je n'aurais pas le temps de m'y rendre.

Notre action sur l'Aisne a bien réussi, nous avons pris trois canons de 77 et deux lignes de tranchées, et fait 450 prisonniers. L'action s'est bien passée du côté du poste de garde d'Offémont, près de Tracy-le-Val.

Notre armée a exercé cette pression pour couvrir l'aile droite de la 2ᵐᵉ armée, qui agit du côté d'Albert ; car nous sommes à l'angle de l'équerre que dessine actuellement le front.

Les Russes se font battre. Przemysl a été repris par les Boches et les Autrichiens marchent sur Lemberg. Les Italiens avancent le long de l'Isonzo.

« La Guerre Sociale » a été saisie hier dans tous les kiosques pour son article de tête, imprimé sans doute après le passage de la censure, article intitulé : « Malaise », qui cherche à prouver que, depuis la Victoire de la Marne, nous ne sommes pas arrivés à grand-chose. « Cela crée, dit-il, un malaise et tous se demandent en » France comment cela finira. Quelles causes ? Manque » de munitions ? Rapports trop distants entre officiers » d'Etat-major et officiers des corps de troupe ? Ser-» vices mal organisés ? Conclusions : remédier tout de » suite au mal et dire la vérité aux Français ». — Mais la vérité, Monsieur Hervé, n'est pas toujours bonne à dire, pas même dans un article de presse.

16 Juin 1915.

Demain, je dois aller au poste de commandement du Croutoy où l'Etat-major se transporte tous ces jours-ci. Nous avons demandé qu'on nous y envoie à tour de rôle, comme y vont les estafettes. Cela nous rapprochera au moins un peu du front ! Les obus tombent sur la route qui y mène et tout autour du château du Croutoy où se trouve le Quartier-Général. Ce sera plus intéressant que de moisir ici.

Une offensive générale n'est guère possible en ce moment, les Boches étant fortement retranchés très en arrière du front. Nous nous bornons pour l'instant à des actions de détail pour retenir les armées allemandes, qui iraient autrement achever les Russes, que le manque de munitions met dans une situation précaire.

Quant à la paix, comme il s'agit d'une question européenne, le congrès essaiera de contenter tout le monde dans la mesure de l'effort donné. Nous reprendrons sans doute les territoires occupés et l'Alsace-Lorraine, la Belgique sera évacuée et recevra une petite indemnité, l'Allemagne gardera quelque pied en Pologne, l'Autriche abandonnera des provinces à la Russie et à l'Italie. La Serbie agrandira beaucoup son territoire. L'Angleterre, elle, s'attribuera les colonies allemandes et sera sûrement contentée.

Après la guerre, les deux grandes nations seront France et Allemagne. Ce sont les seules, l'événement l'a prouvé, qui soient capables de se mesurer. Les Russes se font battre, les Anglais font du sport. La victoire de la Marne est la seule grande victoire de la guerre à l'heure actuelle.

L'Angleterre a toujours roulé amis et ennemis. Depuis onze mois qu'elle est en guerre, elle n'a pas encore décrété le service obligatoire ! Tout cela se paiera et d'ici une vingtaine d'années, nous verrons France et Allemagne alliés contre Albion et ces deux plus puissantes nations européennes domineront le monde.

Telle est ma pensée, car je n'ai jamais cru et ne crois toujours pas à un démembrement de l'Allemagne, comme la presse le bêle si souvent.

17 Juin 1915.

Hélas ! Pas de poste de commandement aujourd'hui ! Cependant, il y a un peu de variété ici. Il y a déjà eu trois explosions formidables. Les Boches s'offrent un bombardement de la gare de Villers à coups de 380. Les avions partent reconnaître l'emplacement des batteries qui nous canardent. Un de nos cyclistes, en passant près de la D. E. S. a été couvert de terre, par l'explosion d'un projectile. Un homme a été blessé rue de Soissons. Un éclat d'obus est passé par dessus les maisons et est venu tomber rue Demoustiers, devant la maison du Général.

Ce bombardement se bornera-t-il à trois projectiles, un de plus qu'à Compiègne, ou va-t-il persévérer ? Qui vivra verra.

14 HEURES 30. — Sept projectiles sont tombés sur Villers. Je n'ai jamais entendu d'aussi effroyable explosion. Les coups se succédaient à un quart d'heure d'intervalle. Les gendarmes circulaient en ville pour faire rentrer tous les habitants chez eux. Le Général Dubois, au début du bombardement, fit venir son ordonnance pour mettre ses chevaux à l'abri, puis déclara :

« Que les avions partent reconnaître l'emplacement de ces batteries. Nous avons l'honneur des 380 », puis, s'adressant à moi : « Il y a longtemps, n'est-ce pas, que vous n'aviez entendu quelque chose de pareil ». Le bombardement s'est arrêté à 13 heures. C'est le canon de 380 qui a bombardé Dunkerque, puis Compiègne, il y a quelques jours, et Villers ce matin. Résultat, un blessé et beaucoup d'émotion parmi la population, la voie de Paris coupée, 13 traverses de rail ont sauté.

Un Taube nous survolait pendant le bombardement et devait correspondre par T. S. F. avec la batterie qui tirait.

La sérénade est terminée pour l'instant.

15 HEURES 30. — Le bombardement reprend, trois projectiles depuis 1/4 d'heure. Une maison s'est éboulée au bout de la rue Alexandre Dumas... Booum... encore un ! toutes les fenêtres et portes vibrent à se briser, c'est effarant !

18 Juin 1915.

Hier, entre trois et quatre heures, 7 obus sont encore tombés sur la gare. Peu de dégâts. Le communiqué signalait ce matin : « Une pièce à longue portée a bombardé à deux reprises Villers-Cotterets : Un blessé ». La nuit tranquille.

On vient d'apporter ici un pigeon voyageur portant sa bague d'aluminium, recueilli à Neuilly-Saint-Front. Il a l'aile cassée. Le Capitaine Cartier qui dirige ce service au 2me Bataillon ne l'a pas reconnu, c'est un Boche.

Le crieur public vient de passer dans les rues, agitant sa sonnette ; il a lu l'arrêté du Maire : « En cas de reprise du bombardement, les habitants, à la première détonation, devront rentrer chez eux ».

Tous les obus sont tombés aux environs de la gare, sur la voie, dans le jardin du major du cantonnement, au bout de la rue Alexandre Dumas. Celle-ci est jonchée de terre, de ferraille, de débris de carreaux, de morceaux d'obus, d'arbres brisés et d'écorce, ainsi que le Boulevard Millet.

19 Juin 1915.

Pas de nouveau bombardement depuis le 17. Ce fut le feu d'artifice en l'honneur de notre départ. Car nous allons quitter Villers pour Verberie, question de tactique, dit-on. Notre armée passe sous le commandement du Général de Castelnau qui commandera ainsi la 5ᵐᵉ et la 6ᵐᵉ armée ; et tout le front du Nord jusqu'à Offémont, dont nous ferons partie, est destiné à donner l'offensive générale. De Braîne à l'Est, on se bornera à résister.

J'ai annoncé hier cette nouvelle à ma logeuse, Madame A... qui a préparé toutes mes affaires en vue du départ et va réparer un peu mon uniforme, qui en a bien besoin. Voilà enfin la vie intéressante qui va peut-être reprendre, mais que de préparatifs après un si long séjour ! Je me réjouis de voir des pays et des gens nouveaux, bien qu'un peu triste de quitter Villers où je n'ai pas passé de mauvais jours et où les habitants nous avaient si bien accueillis. J'ai aussi du regret de quitter les braves gens qui me logeaient, les C... et leur fille, Madame A... jeune veuve avec deux petits garçons, petite âme naïve et charmante, que je ne reverrai sans doute jamais !

Le sous-chef parle en ce moment avec le Commandant Dinet de l'ordre de départ des différents détachements. Le Général ne fut pas satisfait de Verberie ; l'on a parlé de « La Croix Saint-Ouen », entre Verberie et Compiègne.

Enfin, nous allons toujours voir du nouveau et j'espère que les longues stations sont bien terminées !

23 Juin 1915.

Dunkerque a été bombardée de nuit, 14 obus, c'est le tarif décidément, ce doit être la même pièce que celle qui nous bombarda.

J'ai remarqué en ville une jeune fille de 16 ans environ, aux cheveux frisés qu'elle laisse pendre en ondes dans le dos, pâle et fraîche, trop jolie, conduisant avec grande aisance une charrette campagnarde haute sur ses deux roues. On dirait une jeune Diane chasseresse. Elle vient ainsi de Pisseleux où son père, M. M... est industriel. J'aime à voir passer ce beau rêve de fraîcheur et de grâce.

Benoit XV a donné une interview à Louis Latapie. Il aura un pénible retentissement chez les alliés catholiques, car le Pape s'est refusé à condamner les crimes allemands, flagrants cependant, et la violation de la neutralité belge. Nous avons eu grand tort évidemment de ne pas lui envoyer d'ambassade au moins pendant la guerre. Aussi, est-il mal renseigné sur les faits et gestes des alliés et berné par les diplomates austro-allemands. D'ailleurs, tant que le Pape sera italien, la France sera toujours incomprise.

Il aurait pu néanmoins avoir quelques paroles de pitié pour les pauvres Belges et pour nous ! — Rien de pareil : une discussion de diplomate, qui craint beaucoup pour lui-même et son pouvoir temporel ! ! Où est Pie X qui embrassa à Rome le drapeau Français ! Celui-là était un vrai Père.

26 Juin 1915.

Nous partons le 1ᵉʳ Juillet pour Verberie, je l'ai appris officieusement. L'on parle de nous loger au château de Saint-Waast, aux Maindreville. Je reviendrai plus tard avec plaisir à Villers-Cotterets, si Dieu le permet. Ce séjour ne sera bientôt plus qu'un rêve défunt que je laisserai sur ma route derrière moi ! Quelle tristesse que toutes les choses mortes que nous semons au long de notre vie !

Le Général de Castelnau est ici. Sous son commandement doit passer le Général Dubois et notre État-major.

Lemberg est évacuée par les Russes qui reculent sans arrêt. Notre action en Alsace après la prise de Metzeral et de Sondernach est arrêtée. En Artois, ralentissement également des opérations.

L'inquiétant symptôme est l'agitation de la Chambre. Hier, Accambray, dans un discours violent, a attaqué le ministre de la guerre et la direction de la politique actuelle. Viviani, en un discours brillant, a emporté la partie et fait voter les crédits pour le sous-secrétariat à la guerre, place créée uniquement, il est vrai, pour caser une créature socialiste : Albert Thomas. Cet office ne répond absolument à rien, mais le moment est mal venu d'attaquer le gouvernement. C'est un mauvais son de cloche.

29 Juin 1915.

Hier, à 11 heures 40, très forte explosion : un obus de 380 est tombé dans le jardin d'une villa près de la gare. Ce fut le seul de la journée. Qu'est-ce que cela signifie ? Nous voilà tout à fait sur notre départ. Les bagages sont prêts, les autos prêts à démarrer...

1er Juillet 1915.

Après avoir couvert ce matin, 30 kilomètres en torpédo à grande allure, B... et moi, nous sommes arrivés à Verberie, dans l'Oise. Nous sommes partis les premiers du Quartier-général, afin de tout disposer au nouveau quartier avant l'arrivée de ces Messieurs. Nous avons pendu les cartes dans les bureaux du chef et du Général et tout mis en ordre. Les forestiers vont nous suivre, sans doute, pour allumer les feux, car pour un 1er Juillet, il ne fait pas très chaud.

Mon billet de logement m'a affecté une chambrette au 19 de la rue de la République, même rue et même numéro que lors de mon service à Orléans, drôle de coïncidence ! C'est une petite pièce plus longue que large, au rez-de-chaussée, donnant sur la rue et assez confortable. Mon hôtesse me semble une brave vieille fille pieuse, qui va au salut tous les soirs : j'aime ces âmes simples et plus lumineuses que tant d'autres !

Verberie, bien que très ancienne bourgade, est le petit bourg banal, possédant une église, assez vieille, mais peu curieuse dans l'ensemble.

L'Etat-major est installé à 400 mètres du village, au château Saint-Corneille, nom d'un ancien château de Charlemagne, d'ailleurs entièrement moderne, style clinquant et toc Louis-Philippe. Le château, assez grâcieux d'extérieur, briques et pierres, perdu dans le feuillage, appartient à M. Savignac de Soubirouze, référeéndaire au sceau. Tout voisin est le château d'Haramont où logent le Général, le chef et les officiers supérieurs. Il appartient à M. de Maindreville, Maire de Verberie. C'est une fort belle propriété tout au bout d'une large avenue que clôture une magnifique grille en fer forgé.

A part les courses fatigantes pour se rendre au Quartier-général, Verberie semble assez sympathique. Nous avons établi notre popote dans la boucherie abandonnée du village.

3 Juillet 1915, 21 h. 40.

Deux taubes ont survolé ce matin Verberie et laissé tomber quelques bombes. A Saintines, pas loin d'ici, les bombes ont blessé 5 personnes.

Cet après-midi, réception au château d'Haramont, du duc de Connaught, venu décorer de la décoration anglaise, croix blanche à liseré bleu, le Capitaine Berteaux et le Capitaine de Camas.

Par cette superbe après-midi, les airs de valse joués à l'intérieur du château par le 13ᵐᵉ territorial, évoquaient bien plus une garden-party du temps de paix que la guerre.

En vue de cette réception, je suis allé ce matin à Longueil chercher deux tables, en camionnette. Cela m'a permis de connaître un peu les environs, frais et verdoyants et de me rendre compte, au retour, de la situation de Verberie, située au pied d'une longue falaise, qui borde la vallée de l'Oise sur la rive gauche. Sur la rive droite, c'est la plaine. Verberie rappelle par sa position les petits villages des bords du Rhin.

assis de même au pied des collines, au bord du fleuve. Il fait d'ailleurs presqu'aussi chaud ici, dans cette ville placée en espalier, qu'à Saint-Goar.

5 Juillet 1915.

J'ai eu ce matin séance au Conseil de guerre, qui se tient à la Mairie. Même décor qu'à Villers ; mais je bénéficie d'une petite table, réservée au défenseur. J'avais à plaider pour de mauvais sujets en général. Transport d'alcool, abandon de poste, refus d'obéissance, résistance avec voies de fait, outrages par menaces envers un supérieur ; ce sont toujours les mêmes faits d'inculpation qui reparaissent, tous aggravés de ce fait qu'ils se passent sur un territoire en état de guerre.

En allant reprendre mon service, j'ai suivi avec Bernard, mon camarade qui exerce les mêmes fonctions que moi au Quartier-général, un sentier ombragé qui cotoie l'Oise, moins chaud que la grand'route qui passe devant le château d'Haramont. Le pays est assez coquet.

Nous avons longé une plaine verdoyante, bordée à l'horizon de collines bleues au mol contour.

Ma chambre est assez confortable à présent. Ma bonne hôtesse a mis un bureau de travail à ma disposition. Dans une vaste armoire, je range mon équipement, mon sac, ma musette et mes bidons, tout mon bagage de guerre. Mon mousqueton est debout dans un coin contre ma table de travail. Et je suis là bien chez moi, tranquille dans ma solitude, chose que j'aime tant !

9 Juillet 1915.

Notre député, officier du courrier, le vicomte de Chappedelaine, dort constamment à poings fermés sur son bureau : il ne paraît guère « s'en faire ».

C'est la vie de château que mène l'Etat-major en ce moment. Dernièrement, le comte de Comminges, maire de Clairoix, est venu en compagnie de deux autres châtelains déjeuner avec le Général et le chef d'Etat-major.

Le peintre de l'Illustration, Lucien Jonas, en tournée de portraits, est venu protraicturer le Général Dubois. En deux heures, le portrait en couleurs était fini, fort ressemblant. Il a déjà fait ainsi les Généraux Gérard, Ebener, Maunoury, de Maudhuit, Herr et de nombreux chefs d'Etat-major. C'est un commis-voyageur en tableaux. J'ai profité de sa présence pour me faire croquer. En un quart d'heure, il m'avait fait au fusain très ressemblant. C'est lui l'auteur des compositions célèbres : Les Déménageurs, la Mort du Soldat, Boucliers vivants des Uhlans, reproduites en cartes postales à des milliers d'exemplaires.

Dernièrement, je vis mon Cousin, le Commandant Héring et le Colonel d'Ollone au Quartier-général. A présent, l'on sonne une cloche pour le déjeuner de ces Messieurs et le Capitaine Cartier, m'ayant vu ce matin la mettre en branle, m'a dit : « Mais vous avez fait cela toute votre vie ! » Etait-ce un compliment ou une ironie. Je ne veux pas le savoir. Les officiers partent à leurs repas en auto-cars. Parfois, ils se mettent à huit dans une torpédo, les uns debout, les autres assis sur les genoux des camarades et défilent ainsi à toute vitesse, en « rigolant » dans les rues de Verberie.

Le Parlement s'agite et critique Millerand, une clique de radicaux-socialistes, ces vieux tigres impuissants, voudraient le renverser. Combien ce mot du début de la guerre était juste, appliqué aux civils : « Pourvu qu'ils tiennent ! » Le Parlement devrait être fermé, cela empêcherait tous ces tripotages, toutes ces luttes politiques dans la coulisse. Quelle plaie inutile que le parlementarisme.

23 Juillet 1915.

Un gendarme hier matin amène un civil et me remet sa carte, que je présente au Colonel Duval, le sous-chef. J'y lis le nom de « Emile Vandervelde », ministre d'Etat. Gros, taille moyenne, lorgnon et barbiche noire, le Ministre belge a la tête pionnesque de tous les socialistes. Il a déjeuné avec le Général Dubois, qui n'est guère dégoûté. L'après-midi est venu le Général Lyautey, Général et chef ont quitté leur bureau pour le recevoir sur le perron. Quel prestige a le vice-roi ! Il a une belle tête militaire, peut-être un peu en bois, mais malheureusement sa moustache est encore rousse, quand elle aura blanchi, il sera beau. Le Général Belin, jadis au Quartier-général, est venu également, grand, mince, petites moustaches grisonnantes.

Rien de neuf en ce qui concerne la guerre proprement dite. Ici, on l'oublie un peu. Barrière toujours infranchissable de part et d'autre sur le théâtre occidental. Les Russes continuent à reculer devant la poussée allemande.

Les officiers d'Etat-major seront peut-être sévèrement jugés, car ils mènent en guerre une douce vie : certains capitaines que je me refuse à nommer, sous prétexte d'accomplir des missions, partent en auto journellement pour Villers où ils vont retrouver leurs anciennes amies. Les chauffeurs en savent long sur ces histoires ! Je viens d'apporter au Général une nouvelle grenade à main, la grenade Bertrand, ronde et toute petite, tenant bien dans le creux de la main, en fonte brune, percée de deux trous.

28 Juillet 1915.

De Brives, chauffeur du sous-chef, est venu passer quelques minutes dans ma chambre. Il est, en général, fort bien renseigné et m'a appris qu'en Argonne dernièrement nous avions eu un grave échec, perdant 6.000 prisonniers et 8 kilomètres en profondeur. Le Général Sarrail a été relevé de son commandement, à la suite de cet insuccès. Il appartient à la gauche et cette sanction a fait grand bruit au Parlement qui déclare que ce sont les cléricaux qui l'ont débarqué. Or, c'est Joffre qui lui a fendu l'oreille, sur l'invite du Général Dubail, qui est pourtant du même poste que Sarrail. Néanmoins, Joffre et Millerand sont fort attaqués pour avoir cédé, disent ces messieurs, au parti des curés. Les avions signalaient chaque jour de gros rassemblements de troupes et Sarrail n'a pris aucune précaution.

Nous avons, dit-on, repris en partie le terrain perdu.

La Cyrénaïque est en pleine révolution, les garnisons italiennes y ont été massacrées.

Vers le 3 Août, nous pourrions bien partir pour St-

Just en chaussée, ou pour Clermont d'Oise. Le 9ᵐᵉ Corps, affecté récemment à notre armée, se trouve en effet dans ces parages.

Le bruit court, sans doute faux, que le Général Dubois deviendrait Gouverneur de Paris. Il aurait déclaré dernièrement que la guerre n'aurait pas d'issue possible par les armes, puisque sur notre front ni eux, ni nous nous ne pouvons rien faire.

Les pauvres chauffeurs du Quartier-général, qui portent tous de beaux noms de France, de O... de L... de la G... de B... sont de simples domestiques pour les officiers d'Etat-major. Ce sont pourtant des gens déjà mûrs, qui ont en général prêté leurs propres voitures ; certains sont obligés d'avaler des couleuvres, tel ce prince M... nom d'empire fort célèbre, qui a dû encaisser cette boutade du Général d'A... qu'il conduisait sur le front : « Dites-moi, M..., vous êtes plus » fort que votre ancêtre, lui conduisait des hommes, » vous, vous conduisez des Généraux ! »

Les officiers d'Etat-major, hautains en général (j'en connais d'admirables exceptions) ne se gênent pas, paraît-il, m'ont dit leurs chauffeurs qui ont assisté à la scène, pour « engu... rlander » les officiers du front, et au lieu de les traiter en camarades, les regardent comme des êtres inférieurs. Ah ! c'est l'heureux temps pour certains de ces messieurs que la guerre ! Ils ne roulent qu'en autos, touchant la forte somme, reçoivent croix de guerre toujours la palme puisqu'ils sont à un Quartier-Général d'armée (ceci est une énormité, mais c'est l'exacte vérité) ; se voient décerner sans rime, ni raison, des croix de Léopold, de Victoria, et la Légion d'Honneur !

Et cependant, s'ils rentrent en eux-mêmes, ils doivent se trouver assez fautifs, eux qui ont dû apprendre à préparer la guerre — d'avoir, par manque d'étude et de préparation, — par manque même d'assimilation puisque la guerre Russo-Japonaise aurait pu les instruire à cet égard, — fait tuer tant de jeunes gens et de pères de famille au début de la guerre, alors que régnait leur fameuse théorie : « L'ennemi résiste : que faites-vous ? — A la baïonnette ! » L'élève avait 20 ans pour une si belle réponse, mais cela produit des cadavres en dernier ressort ! Ils auraient mieux fait d'étudier la guerre de tranchées, que les Boches nous ont apprise.

Le sous-secrétaire d'Etat à la guerre, Godart, est passé ici. C'est un grand Don Quichotte portant lorgnon, les sourcils hauts, la moustache noire. Tête de journaliste ou de sillonniste. Tous ces gens que l'on voit défiler au Quartier-général, personnages officiels ou bien placés, sont tous parfaitement communs. On se rend là bien compte que c'est la canaille qui est au pouvoir aujourd'hui. Quel pauvre pays que celui où l'ambition est morte, les places les plus recherchées étant déshonorées par les gens qui les occupent et ayant perdu en conséquence toute espèce de considération !

Triste France ! où tous les goujats se prélassent dans les sinécures et dévorent à qui mieux mieux l'assiette au beurre, où les débitants et les boutiquiers sont les rois ! Quand sortirons-nous de cette fange ? Jamais, si nous demeurons en République.

1ᵉʳ *Août 1915.*

Des explosions assez proches nous ont bercés la nuit il y a deux jours, 9 obus de 380 sont tombés sur Compiègne.

La 6ᵐᵉ armée est reconstituée complètement et comprend à l'heure actuelle les 7ᵐᵉ, 9ᵐᵉ, 13ᵐᵉ, 35ᵉⁱᵖ et 37ᵐᵉ corps d'armée.

Le château qu'occupe le Quartier-général, Saint-Corneille, a été fort abîmé par les Boches au début de la guerre ; au premier, salle pillée, coffre-fort éventré ; au rez-de-chaussée, toutes les glaces brisées, les meubles cambriolés. Dans la grande glace du bureau du chef a été retrouvé un bouchon de champagne qui avait fait une belle étoile autour de lui. Le parc n'a pas été endommagé heureusement, car il est très beau et plein d'essences d'arbres fort rares.

Le Général d'Urbal a été, dit-on, relevé de son commandement, n'ayant pas réussi à Arras. Il y a cinq jours, une séance mouvementée eut lieu à ce sujet à la Chambre. Les journaux se gardent bien de parler de tout cela. Mais la République est impitoyable pour ses généraux qui ne réussissent pas bien souvent cependant malgré eux et par sa faute.

5 *Août 1915.*

Le départ pour Clermont est presque officiel, quel bonheur ! Nous ne végétons plus sur place et nous avançons vers le Nord. C'est un excellent signe. Notre armée est remaniée de nouveau. Nous englobons à présent les 13ᵐᵉ, 9ᵐᵉ, 14ᵐᵉ, 11ᵐᵉ, 35ᵐᵉ corps et

62ᵐᵉ division. C'est le 7 Août que nous quittons Verberie.

Le Général Sarrail, relevé de son commandement, est remplacé par le Général Humbert.

8 Août 1915. — CLERMONT D'OISE.

C'est hier matin que nous avons quitté Verberie. Nous avons fait une course de 25 kilomètres en coupé ouvert parmi la plaine verdoyante, quelques villages assis au pied des collines lointaines, fraîcheur du trajet, arrivée à 10 heures. J'ai beaucoup de mal pour me loger. Mon billet de logement porte « Place de la République ». Elle n'existe pas, c'est place de l'Hôtel-de-Ville. Vieille folle qui refuse d'ouvrir. Je me remets en marche. La ville est toute en côtes, car elle est placée sur une falaise. J'entre dans une première maison et me trouve nez à nez avec une de mes anciennes danseuses, Mademoiselle P..., escortée d'une amie. Cette rencontre nous divertit tous. Enfin, j'échoue dans une petite chambre, 2, rue Fermelle, chez un brave employé de banque, M. d'H... La rue est étroite, la chambre minuscule, mais confortable.

Clermont a des allures de Ville de bains de mer. Nombreuses villas parmi des jardins. L'Etat-major habite l'une d'elles dans une rue montante qui part de la gare et aboutit à la place centrale où s'auréolent quatre rues qui descendent vers des horizons de collines. La rue commerçante et vivante est la rue de la République qui monte vers un château moyenâgeux, gris, avec pigeonnier très élevé. Il domine toute la ville : cet ancien château d'Henri IV est aujourd'hui une maison de fous.

16 Août 1915.

Ma petite rue de province, étroite et bordée de vieilles demeures et de portails d'hôtels est toujours calme et reposante ; en face de mes fenêtres s'élève le mur en briques rouges d'une grande maison bourgeoise, qui fait penser aux demeures méridionales. Cette ville est pittoresque, juchée sur son piton, que couronne une vieille basilique romano-gothique aux vitraux superbes. L'Hôtel de Ville, où se tient le greffe est curieux, c'est l'ancien donjon de la Ville. A un angle, une loggia se dresse, haute dans le ciel, soutenue par une mince colonnette.

Varsovie est tombée depuis un mois. Kovno a été attaqué, mais résiste toujours. Les Russes reculent sans arrêt. Les Allemands font tout ce qu'ils peuvent pour obtenir la paix, qui leur serait très favorable à l'heure actuelle. Les alliés refusent avec raison. Grande discussion à la Chambre française au sujet du service de santé. Viviani doit poser vendredi la question de confiance. Le vrai de toutes ces discussions est le désir de faire tomber Millerand. C'était trop beau de voir en République une Chambre presque raisonnable. Sous ce régime, l'on n'a jamais vu un ministère garder un an le pouvoir. Cela exaspère ceux qui attendent à leur tour l'assiette au beurre.

Albert Thomas s'est présenté dernièrement au Quartier-général, petit, gros, dont on ne voit qu'une barbe blanche touffue qui rit, d'où émergent deux verres de lorgnon. Le baron Rausch de Tranbenberg est venu ce matin. C'est un gentilhomme de la Chambre du Tsar, chargé de mission par le ministère des finances, attaché d'ambassade, etc... Grand, mince, tenue kaki, médaille d'or au cou et grosses étoiles d'or sur ses pattes d'épaules ; képi à jugulaire dorée tombant sur les yeux, sabre de parade noir et or à dragonne d'argent, allure de diplomate.

27 Août.

Retour de permission. J'ai passé six jours charmants à Paris, parmi les miens. Le nombre des femmes semble avoir doublé à Paris à présent qu'il n'y a plus d'hommes. Robes au haut de la bottine et petits chapeaux. Les autobus sont remplacés par des guimbardes primitives, des breaks découverts portant l'inscription : « Madeleine-Bastille » ou autres, sur une tringle blanche à lettres noires. Plus d'impériales, ce sont des véhicules en vieilles ferrailles et des plus barbares. Il est amusant de voir circuler dans ces véhicules des dames élégantes côtoyant les capotes gris sales des poilus retour des tranchées.

J'ai maintenant retrouvé ma petite rue calme de ville de province et tout le grand soleil d'Août, qui illumine le mur rouge de la maison d'en face, entre par ma fenêtre ouverte.

Le roi Albert est passé ici, se rendant à Davenescourt, à 3 kilomètres du front. Il logea dans ce village chez les Villeneuve Bargemont, où il signa sur le « cahier d'honneur » de la guerre. Sa signature est suivie de celle de mon camarade, H. de Lallemand, qui, désigné pour faire partie de l'escorte, se trouve être le cousin des Villeneuve.

L'on parle à Paris d'une offensive prochaine dans l'Est. Le Parlement est calme :- il avait été question d'une réunion en comité secret pour entendre les explications des ministres sur la situation actuelle. Viviani, hier, dans un vibrant discours, a fait enterrer ce projet et a sauvé du même coup Millerand et Joffre. Mais ce qui fait encore plus de plaisir, c'est la décision qu'a prise la Chambre de s'ajourner jusqu'au 16 Septembre.

Les Russes ont eu un succès dans le golfe de Riga, mais sur terre Litovsk est pris et Vilna ne vaut pas mieux.

30 Août 1915.

L'avion qui survolait Compiègne, réglant le bombardement ce matin sur la ville, a été descendu par le capitaine Brocard, seul dans son avion. Il a tué, dit-on, les deux Boches qui montaient l'appareil.

J'ai repris ma vie paisible au Quartier-général où rien n'a changé. Je suis évidemment aussi heureux qu'on peut l'être en temps de guerre, mais je me reproche parfois de ne pas jouer un rôle plus intéressant en cette heure unique, où l'on peut cueillir des lauriers. J'espère que dans peu de temps l'activité va reprendre, ainsi que les postes de commandement des grands chefs et ma vie sera moins monotone. Tous parlent à Paris d'une prochaine grande offensive dans l'Est, car toutes les troupes de l'Artois ont été transportées en Lorraine, remplacées par les Anglais.

Hier après-midi, concert militaire dans le parc situé, au sommet de la ville, d'où la vue est très étendue sur la campagne. Cette promenade s'appelle : « Les Châteliers ». Quelques jeunes filles élégantes. Ces musiques en temps de guerre ont une saveur toute particulière. Le matin, un des musiciens, flûtiste remarquable, « Fleury », avait joué, comme il le fit jusqu'à présent dans toutes les villes où nous sommes passés, un morceau de flûte religieux à la grand'messe.

27 Septembre 1915.

Il y a déjà un mois que j'ai quitté Paris. Comme le temps passe ! Nous avons pris, je crois, la grande offensive hier matin. Dès hier après-midi, les officiers du Quartier-général racontaient que les Allemands avaient été battus en Champagne et dans le Nord et que nous avions pris 80 kilomètres en largeur sur une profondeur de 4 kilomètres. L'on ajoutait que la cavalerie du 20ᵐᵉ corps avait percé les lignes en Champagne.

Ce matin, le communiqué signale en effet — sans grands détails et sans aucun nom de pays, car l'on peut perdre le lendemain le village pris la veille ; — que deux actions engagées dans le Nord et en Champagne ont bien réussi et que l'opération se poursuit. Le Chef a annoncé ce matin au Général que nous avions fait 10.000 prisonniers en Champagne. Sommes-nous à la veille d'une seconde victoire de la Marne ? Que la Sainte Vierge protège bien la France !

Cette offensive est particulièrement utile en ce moment où la Bulgarie mobilise et paraît vouloir se mettre aux côtés de l'Allemagne contre la Quadruple-Entente, bien que le ministre de Bulgarie Radoslavoff ait exprimé des regrets aux alliés et déclaré qu'il ne mobilisait que pour réaliser une neutralité armée !

Les Russes ont repris Loutsk. Il était grand temps qu'ils arrêtassent la marche des Boches vers Pétrograd !

J'ai dîné chez les B... villa où dîne également le Général et son État-major. Nous sommes ainsi au courant des faits et gestes « d'Alfred », prénom de notre chef d'armée.

Le ministère Bulgare est par terre, remplacé par le gouvernement Malinoff.

29 Septembre 1915.

Cette fois-ci, c'est bien une victoire ! Trois divisions ont rompu les lignes allemandes en Champagne et la 5ᵐᵉ armée, dit-on, va s'engouffrer dans la brèche ouverte. Le communiqué récapitule le gain de la belle victoire de ces deux jours :

« Les comptes-rendus qui parviennent permettent
« de mesurer plus complètement chaque jour l'impor-
« tance du succès obtenu par notre offensive en Cham-
« pagne, combiné avec celle des troupes alliées en
« Artois. Les Allemands n'ont pas seulement été
« contraints d'abandonner sur un front étendu des po-
« sitions puissamment retranchées sur lesquelles ils
« avaient ordre de résister jusqu'au bout. Ils ont subi
« des pertes, dont le total en tués, blessés et prison-
« niers, dépasse l'effectif de trois corps d'armée. Le
« nombre total des prisonniers est maintenant de plus

« de 23.000, le nombre des canons ramenés à l'arrière
« de 79 ».

Communiqué de 23 heures : « Nous avons progressé
« sur les pentes de la butte de Tahure et aux appro-
« ches du village, ainsi qu'au Nord de Massiges ».

Le ministère Bulgare n'est pas renversé : les ministres ont démissionné, mais le Tsar Ferdinand n'ayant
pu s'entendre avec Malinoff russophile, l'ancien ministère reste au pouvoir : Cabinet Radoslavoff !

Un communiqué allemand, excellent symptôme, a
été publié par le sous-secrétaire d'Etat aux affaires
étrangères Zimmermann pour rassurer la population et
l'inviter au calme. C'est la première fois depuis le début
de la guerre qu'a paru nécessaire une pareille mesure.

20 Octobre 1915.

Les Alliés ont débarqué à Salonique et marchent au
secours de la Serbie à qui la Bulgarie a déclaré la guerre.
Belgrade est pris. Ni la Roumanie, ni la Grèce, ne paraissent disposées à nous soutenir et il est à craindre
qu'encore une fois, nous ne soyons arrivés en retard !
En ce qui concernait l'Orient, l'action diplomatique
ayant échoué, l'expédition des Dardanelles ayant fait
long feu, un devoir nous restait : soutenir les Serbes.
La meilleure manière de les soutenir est de protéger
contre les Bulgares la ligne « Salonique-Uskub-Vrania-
Nich », voie qui apporte les munitions aux Serbes. —
Mais les Bulgares ont occupé le terrain dominant la
voie ferrée entre Vrania et Ristovatz — Oui ! Nous
sommes bien en retard.

Notre diplomatie a été tout à fait inférieure vis-à-vis

des neutres. « Faites un roi ou faites la paix » de Sembat trouve ici sa justification. La République est incapable en guerre comme en paix !

Notre détachement cycliste va quitter le Quartier-général remplacé par des R. A. T. Il est temps que nous aussi nous laissions la place à d'autres et employions notre jeunesse à des besognes plus utiles et plus lumineuses !

DEUXIÈME PARTIE

LES GÉANTS

I

DEVANT LASSIGNY

CLERMONT. — Terrasse des Châteliers

7 Décembre 1915.

Me voilà sur le point de partir comme adjudant au 1ᵉʳ Régiment de zouaves. Cela ne m'émeut point, car j'ai une confiance absolue dans la Providence qui m'a toujours mené par la main.

Devant moi s'étend l'immense paysage de la plaine ; temps d'hiver calme et gris, tout est terne et sans couleur ; les nuages ouatés poursuivent leur tranquille voyage et la nature est aussi sereine qu'en temps de paix.

Que sommes-nous, pauvres insectes, habitants de taupinières, dans l'admirable cadre du monde ! Comme nos ambitions sont petites et combien nous tenons peu de place parmi tous les êtres de cette terre !

La disparition d'un homme est bien peu de chose, à peine un souffle, mais souffle qui brise « des âmes ! » Voilà le seul mot qui fait de nous quelque chose et qui élève les atomes que nous sommes à un degré sublime.

Voilà ce qui fait que, bien qu'infimes, nous nous

battons pour une grande idée, la sauvegarde de la nature immense sur laquelle nous vivons, la défense de notre terre !

Un coq chante au loin, saluant pour moi l'aurore de la Gloire !

LA BERLIERE (Oise). — *14 Décembre 1915.*

Je suis arrivé en auto hier matin avec mon camarade de l'Etat-major, le sergent B... Dès notre descente, nous sommes partis prendre l'air des tranchées. Au-dessus de nous ronflait dans le ciel bleu un avion entouré des flocons blancs des shrappnels, qui suivaient sa course.

Nous avons parcouru un long boyau qui n'était pas trop mouillé, grâce aux caillebotis posés sur le sol et sous lesquels l'eau s'écoule. Nous sommes arrivés à la Ferme Laroque, P. C. du Colonel Rolland, notre ancien commandant du Quartier-général, qui commande le 1er zouaves. Nous ne l'avons pas trouvé et avons fait un tour dans le village de Canny-sur-Matz dans un état lamentable et dont toutes les maisons sont éventrées. De là, nous avons aperçu le « Bois Triangulaire » où sont les tranchées boches. Nos tranchées commencent à Roye-sur-Matz, à 500 mètres de Canny, qui est bombardé journellement.

Après être revenus déjeûner à La Berlière, petit bourg à 1.200 mètres de Roye-sur-Matz, nous sommes remontés l'après-midi au P. C. du Colonel à qui nous nous sommes présentés. De là, nous nous dirigeons vers le secteur de « La Croix Brisée » que garde le 5me bataillon du 1er zouaves. Pendant le trajet, nous recevons le baptême du feu. Car le boyau qui conduit au secteur est impraticable, l'eau y coulant à pleins bords. Nous devons donc, B..., un agent de liaison et moi, circuler à découvert le long de la tranchée. Soudain, nous entendons un sifflement caractéristique et à trente pas de nous éclatent des obus de 105, dont la fumée noire semble sortir du sol, à la place de l'éclatement...

Puis, se rapprochant peu à peu, ce sont des fusants qui éclatent en l'air et ce tir nous accompagne jusqu'à ce que nous puissions redescendre dans la tranchée. Là, nous nous présentons au Commandant du 5ᵐᵉ Bataillon, le Commandant M... ; celui-ci ne paraît nullement être à la conversation et nous dit en levant la tête et regardant les obus se rapprocher de plus en plus : « Faites attention, ne restez pas là, car ils ont l'air de nous chercher ». En effet, à ce moment, sifflement aigu et violent, déchirement de l'air et à cinq mètres de nous, la fumée noire monte du sol, sur le parapet de la tranchée. Tout le monde rentre dans les abris profonds, où l'on allume des bougies, en attendant la fin. Mais notre artillerie a été prévenue et — rran... rran... rran... les 75 envoient une dégelée qui calme le bombardement. L'impression ressentie durant cet épisode est un sentiment de parfaite impuissance et d'énervement. Une vingtaine d'obus sont tombés ainsi, arrosant la campagne pendant vingt minutes. Aucun blessé ; toutes les vites des cagnas furent brisées.

Nous sommes revenus par la route exposée aux vues de l'ennemi, mais à la brume du soir nous risquions beaucoup moins et nous sommes rentrés sans encombre à La Berlière.

J'ai fait la connaissance du Commandant Keller,

commandant le 4me Bataillon, auquel je suis affecté, 5me compagnie commandée par le lieutenant Bernot, ancien instituteur, qui, âgé de 24 ans, épingle déjà croix de guerre et Légion d'honneur. J'ai dîné en sa compagnie, avec les deux sous-lieutenants Taupiac et D..., charmants camarades. Je retournai dormir avec les sous-officiers de la 13me Compagnie, dans une cave. Grâce à mon sac de couchage et à ma couverture, je n'étais pas mal installé, mais j'ai eu froid. Mon bataillon est de repos ici à La Berlière, jusqu'à samedi soir, date à laquelle nous remontons aux tranchées.

Ce matin, à la petite église qui se dresse entre des cyprès, au bout d'un enclos verdoyant et très triste, j'ai fait la connaissance de l'aumônier, l'Abbé Carrère, très bien, grand, à barbe noire. Dans le chœur était étendu sur une civière, recouvert d'une couverture qui laissait seulement dépasser les gros souliers ferrés, un malheureux zouave tué il y a deux jours et qu'on enterrait cet après-midi. Je suis heureux d'avoir vu ce brave aumônier qui appartient aussi au 4me bataillon, et je suis maintenant tout près de Dieu.

LA BERLIERE. — *15 Décembre 1915.*

Me trouvant en surnombre à la Compagnie, adjoint à l'adjudant-chef Broca, qui commande la 2me section, j'ai pas mal de liberté. Je circule dans le village en bottes et caoutchouc, salué par tous les braves chacals, que je rencontre; bonnes figures, moral superbe, disciplinés et respectueux.

Mon ordonnance Bellanger, brave petit Vendéen, vient ce matin à l'entrée de ma cave, décrotter mes souliers et guêtres et préparer l'eau pour la toilette. J'ai eu chaud cette nuit pour dormir, ayant mis mon passe-montagne, mon gilet en poils de chameau et sur mes jambes ma capote.

Hier soir, pour fêter mon arrivée, j'ai offert à la table des sous-officiers six bouteilles de Graves et la soirée se termina gaiement par des chansons.

Je suis tellement enchanté d'être adjudant au 1ᵉʳ zouaves, respecté par les hommes que j'ai sous mes ordres, à ma vraie place, et non plus planton d'officiers d'État-major !

18 Décembre 1915.

Ce soir, à 7 heures, je monte aux tranchées. Quelle joie ! Le temps est pluvieux et affreusement boueux. Je me réjouis de cette vie si étrange !

Hommes, gradés, sous-officiers, tous sont charmants ici : quelle belle vie ! J'ai rangé avec mon ordonnance ma cantine sur la voiture de compagnie, glissant sabre et capote dans les courroies.

Je monte aux tranchées avec mon équipement anglais, mon revolver chargé, ma musette, et c'est tout. Je mettrai sur le dos le sac surmonté de la couverture roulée dans le sac de couchage.

Ce matin, concours au revolver dans une carrière derrière les maisons du village, entre sous-officiers de la 13ᵐᵉ.

J'ai fait une visite à l'église et le prêtre-zouave Le Dantec, breton bien simple, qui en sortait, s'est excusé de ne pas m'avoir attendu pour dire sa messe.

Comme il y a ce soir relève également pour les Boches qui sont en face de nous, nous nous attendons à un feu d'artifice.

Je n'ai jamais tant nagé dans la boue qu'ici, mais ayant un ordonnance, cela ne me dérange nullement.

Nous allons, pour nous tenir en haleine en vue de la relève, boire une vieille bouteille de Saint-Emilion, au bureau de la 13ᵐᵉ, avant le dîner qui a lieu à 4 heures, la Compagnie devant se trouver à la sortie de Roye-sur-Matz à 6 heures 15 ce soir.

TRANCHÉES DE CANNY.

Réserve de première ligne.

Dimanche 19 Décembre 1915.

Seul dans une cagna sous terre, éclairé par une bougie, j'écris ces lignes, pendant qu'au dehors tonne le bombardement. Les Boches nous envoient des 105 que l'on entend miauler avant qu'ils éclatent et nous leur répondons par du 75 et du 90 dont on suit dans l'espace la trajectoire sifflante, comme si l'obus avait des ailettes ou comme la déchirure d'une robe !

La relève a eu lieu cette nuit. Elle s'est passée sans incidents, bien que nous ayons suivi une route à découvert et que, la veille, ayant appris la relève du régiment allemand qui nous fait vis-à-vis, nous ayons servi à ces messieurs un barrage des mieux conditionnés ; de tous les points de l'horizon, derrière notre front on entendait venir au rendez-vous salves de 75, rafales de 90 ; lentes déchirures des gros projectiles que vomissaient nos pièces lourdes aux aboiements lointains.

En cet instant, le bombardement que nous subissons

semble s'arrêter un peu. Je me trouve dans un P. C. à l'épreuve du 105, mais surtout dans la main de La Providence qui me protège.

Les boyaux où nous sommes alignés, secteur du Bois des Noirs, en face de Lassigny, sont terriblement fangeux. Caillebotis et planches disparaissent dans l'eau et les cagnas sont inondées. La mienne semblait flotter littéralement sur pilotis, mais mon brave Bellanger l'a nettoyée, a vidé l'eau à coups de seau en toile, y a fait un bon feu et elle est maintenant suffisamment habitable.

Je circule dans les tranchées en caoutchouc, bourguignotte sur la tête et canne à la main.

Nûû...i Encore un 95 qui part... ! On ne peut se tenir debout dans nos cagibis, mais on y est bien, assis ou couché.

J'ai visité ce matin la 1'" ligne et aperçu tous les points où sont les tranchées ennemies : le bois triangulaire, dont la lisière se profilait, toute bleue dans la brume, le village de Lassigny, en face de ce « Bois des Noirs » que nous occupons, nommé ainsi en souvenir de 1.500 Sénégalais qui y périrent aux combats de Lassigny en 1914.

C'est toute une ville de terriers que ces tranchées avec d'interminables longueurs de boyaux de communication, reliant la 1'" ligne à la ligne de soutien, que nous occupons ces jours-ci : avec ses abris de signaleurs, de projecteurs, ses postes de commandement, ses cagnas de chefs de section.

Il fait beau et clair, c'est pour cela que l'artillerie

tape aussi fort. Des avions sont passés ce matin, salués des petits flocons blancs des fusants.

20 Décembre 1915.

Je reçois facilement mon courrier et j'en suis heureux. Les lettres que l'on reçoit des siens font tant de bien, quand on vit la vie de tranchée. silencieuse et souterraine, si différente de l'existence que l'on avait menée jusqu'alors et qui fait croire que l'on vit dans un autre monde avec une nouvelle humanité.

Il est 8 heures 10 du soir et à 8 heures 30 je vais prendre le quart.

Notre existence est vraiment curieuse ; — le calme et l'absence presque absolue de bruit. c'est là ce qui frappe d'abord. On n'entend seulement que les pas étouffés des hommes qui circulent sous terre, tels des lapins s'agitant dans leurs terriers, ou le bruit sourd des corvées ou des travailleurs qui marchent sur les caillebotis, garnissant le fond des boyaux.

Ma cagna est bien close. du feu brûle dans un trou pratiqué dans la muraille de terre, ma chandelle éclaire suffisamment mon petit carré souterrain et mes pieds ne plongent plus dans la flotte. mon ordonnance ayant posé à terre deux persiennes qui me servent de parquet. Quant à ma porte de bois. je la ferme avec un lacet de soulier, je ne dirai pas que c'est hermétique, mais c'est suffisant. Comme toit, tôles et rondins de bois, comme lit, de la paille étendue sur du fil de fer, c'est presque aussi élastique qu'un matelas. Je dormirais bien si je n'avais les pieds glacés, car il nous est interdit de nous déchausser.

Cet après-midi, j'ai surveillé les hommes de la section, en compagnie de l'adjudant-chef dans une corvée de nettoyage des boyaux. Pour mieux les voir, je ne pouvais rester au fond de la tranchée et me suis allongé dans les hautes herbes, à découvert. Ces hommes sont admirables, travaillant trois heures de suite, de l'eau jusqu'aux mollets, sans se plaindre. On ne pense plus qu'à se hausser à leur niveau et à faire encore mieux qu'eux, si c'est possible. Quand tombent des 105 ou des 150, ce qui arrive fréquemment, ils continuent leur ouvrage et circulent, comme s'il ne se passait rien.

C'est une vie admirable, à laquelle on s'habitue beaucoup plus vite qu'on ne le croirait.

La nuit dernière, j'ai pris « le quart » de 11 heures du soir à 1 heure 30 du matin en 1ʳᵉ ligne. Cela consiste à surveiller tout le secteur, s'assurer que les sentinelles sont bien à leur poste, téléphoner à l'artillerie en cas d'alerte.

Il faisait une nuit très claire et les guetteurs, immobiles le long du parapet, sous leur bourguignotte qui brillait au clair de lune et dans leur longue capote, semblaient des archers du moyen-âge, gardant le chemin de ronde de quelque ville de rêve...

Toute la nuit partent des coups de feu, inutiles en général ; et l'on perçoit le bruit que font les Boches, vidant leurs tranchées, inondées comme les nôtres, ou enfonçant des piquets pour leurs abris.

Nos petits postes sont à vingt mètres devant la tranchée, près du réseau de fils de fer, au pied de pommiers isolés, dont l'un a été brisé par un obus. Nos hommes doivent y aller presque à découvert et, au petit poste même, ils doivent se tenir à genoux. Je serais bien surpris si les Boches ne les distinguaient pas.

L'avant-poste allemand est placé derrière quatre grands peupliers, majestueux dans la nuit.

Les coups de feu incessants partent des Compagnies voisines ou du 70ᵐᵉ territorial qui couvre notre droite. Ils ne servent qu'à empêcher la sortie de patrouilles adverses, car les fils barbelés sur dix rangs, comme c'est le cas ici, sont une sécurité suffisante. Les zouaves ont reçu l'interdiction de tirailler ainsi, à moins de cas de force majeure.

Ce fameux « Bois des Noirs », dont j'ai déjà parlé, à l'extrémité est de notre secteur, est un boqueteau aux arbres déchiquetés, écrasés, à la terre bouleversée par les obus. Il est fort difficile d'y circuler et il revêt dans la nuit un aspect sinistre surtout quand il y a de la lune. Il ne reste que quelques arbres dans un enchevêtrement inextricable et ceux qui sont encore debout, tendent de grands bras décharnés, brisés par le milieu et qui pendent lamentablement.

Ce coin est d'une horreur tragique comme tous les lieux où s'est passé quelque terrible événement et il semble que les fantômes de tous les morts qui y reposent, glissent entre les troncs noirs sous les rayons lunaires.

21 Décembre 1915.

Voilà le 75 qui envoie une fameuse dégelée aux Boches et fait trembler tout mon gourbis : les coups de l'artillerie boche se sont tus ; notre brave petit canon a fermé la gueule à « Fritz ».

Cette nuit, durant mon quart de 8 heures 1/2 à 11 heures, le canon boche tapait de temps en temps du côté de Beuvraignes ; il n'avait pas cessé de la journée dans ce secteur ; et le nôtre répondait. Il y eut de nombreux coups de feu à la Compagnie voisine, la 16ᵐᵉ, pour empêcher les Boches, que l'on entendait travailler à la « voie ferrée », de venir scier des arbres devant nos tranchées. Les chouettes, comme toutes les nuits, s'appelaient sans arrêt. Il est un oiseau de nuit, perché dans un têtard entre les lignes, qui, jusqu'au matin, hulule comme s'il respirait régulièrement, sur un diapason triste et monotone, on dirait les soupirs de la nature qui sommeille ! Les guetteurs veillaient dans le silence, debout sur la banquette de tir, qui court le long du parapet, postés à tous les angles de la ligne brisée qui forme la tranchée de première ligne, immobiles, les yeux fixés dans la nuit.

Ce qui me semble étrange, c'est de constater que beaucoup de ces braves zouaves, qui ont pris part à tous les combats auxquels s'est illustré leur régiment, Pont de Grachten, Maison du Passeur, Nieuport, n'aient pas la croix de guerre, quand elle est distribuée à poignées dans les états-majors à des officiers qui n'ont pas quitté leur rond de cuir ou leur bureau.

Le 75 envoie de nouvelles rafales, car ces messieurs tiraient, paraît-il, sur Canny, à la gauche de notre secteur, me dit en passant le sergent-major qui revient du P. C. de notre Commandant de Compagnie.

Vendredi 24 Décembre 1915.

Veille de Noël ! Cette nuit, il y aura messe de minuit dans le P. C. de notre chef de bataillon et réveillon ensuite.

Hier, l'artillerie a exécuté un tir de concentration sur un petit poste boche devant Canny, d'où étaient parties la veille bombes et torpilles. En surveillant une corvée de nettoyage dans le boyau, je m'amusais à écouter passer au-dessus de ma tête le sifflement des obus de la batterie de la Côte 109, placée derrière le château du Plessier à notre droite, qui tirait de biais sur le petit poste, pendant que nos 75 tiraient droit devant eux et que le 155 long, avec un formidable rapage, bombardait un cantonnement éloigné.

Ce fut tout l'après-midi un beau chahut. L'ennemi a réagi par des fusants qui éclatèrent d'abord sur des travailleurs en deuxième ligne, puis sur Canny, par rafales.

Je me tiens dans la cagna du sergent-major, voisine de la mienne, après un bon déjeûner en commun. Il pleut dehors et le quart ne fut pas gai cette nuit. Heureusement qu'au retour, je trouve chez moi chocolat et petits beurres que j'arrose d'un demi-quart de Saint-Émilion, dont j'avais eu la précaution de remplir ma gourde à La Berlière. Mais ce n'est pas réjouissant, de circuler sous la pluie, seul dans la nuit silencieuse, dans les interminables boyaux, boyau de Solférino et boyau des Sapeurs, qui conduisent à la tranchée Rolland, en 1ʳᵉ ligne !

L'on craint un peu une attaque durant la nuit de Noël, aussi le 5ᵐᵉ Bataillon va-t-il monter ce soir avec ses mitrailleuses.

Je vais aller rendre visite à notre aumônier,

M. Carrère, Curé dans les Landes, en vue de la messe de minuit.

Dimanche 26 Décembre 1915.

Me voici installé depuis une heure avec ma Compagnie en 1re ligne. La relève fut facile, car nous n'avons eu qu'à suivre les boyaux. J'ai ici une confortable cagna, j'écris sur une grande table, à la lueur d'une bougie, le dos tourné à la porte de planches, ouverte sur l'étroit boyau à caillebotis, semblable à tous ses congénères. La cagna du Commandant de Compagnie est en face de la mienne. Nos parois sont de bois grillagé, le plafond, très bas, est tout noir en fonte ondulée. Au coin de la porte, un poêle chauffe bien et le long du mur à droite, s'allonge ma couchette, bordée d'une planche et matelassée de sacs en toile, élevée de 50 centimètres au-dessus du sol. Dans le fond, face à la porte, est une autre couchette, perpendiculaire à la mienne. Des planches-étagères courent le long des murs, et cette guitoune est un véritable palais à côté de l'infâme cagna, à l'entrée boueuse, que j'avais en 2me ligne.

La tranchée décrit de courtes lignes brisées, bordées de parapets de terre que surmontent deux rangs de sacs à terre, puis et tout en haut, deux rangs de gabions.

Devant notre tranchée, de la terre inculte, tapissée d'une maigre herbe jaune, puis les fils de fer sur 6 mètres de profondeur à peu près et au-delà, quatre peupliers où se trouve le petit poste boche.

A l'horizon s'élève la montagne de Largny : plus près le fortin de la Tour Rolland, puis à droite, le village de Lassigny et la colline du Plémont qui appartient à l'ennemi. Ils n'y ont pas de batteries, car elles seraient trop vite repérées heureusement, car nos tranchées seraient prises d'enfilade.

Nos guetteurs s'alignent dans la tranchée, un tous les vingt mètres. Ils ont l'ordre de tirer chacun huit cartouches par jour pour s'exercer au tir.

Nous restons toujours tout équipés, même pour dormir, en 1re ligne.

La nuit de Noël s'est bien passée. A neuf heures, au sortir de mon quart, je suis allé voir l'aumônier. Promenade sur la route au clair de lune, à la sortie de Roye-sur-Matz. Le long de cette voie s'alignent trois tombes allemandes, bordées de quatre planches de bois blanc en carré. Au sommet de chaque tombe, une simple croix de bois blanc qui porte le nom du mort. L'un d'eux se nommait « Marex ».

Nous avons eu ensuite la messe de minuit dans l'abri du Commandant, très illuminé pour la circonstance. Mon sergent-major servait la messe de l'Abbé Carrère. Le chef de Bataillon eut l'amabilité de m'inviter au réveillon qu'il offrait aux officiers.

Nous étions servis par le maréchal des logis, agent de liaison du Bataillon, très élégant, et beau garçon.

Menu excellent : foie gras, huitres, oie à l'ivoire, kogelhof, chocolats, champagne, café, liqueurs, cigares. Le Commandant a trois pièces souterraines, confortables avec lit véritable, tables et fauteuils.

Le Lieutenant de Tourdonnet, de la 13me Compagnie, employé aux projecteurs, est venu se plaindre au Commandant de Compagnie, sous prétexte que le sous-lieutenant Delsouque, monté en 1re ligne, avait pris sa cagna, ce qui était d'ailleurs dans l'ordre. Le Lieutenant B... n'a pas voulu donner raison à M. de T... Même ici, petites piques et cancans de garnisons du temps de paix !

En ce moment, c'est le silence, coupé seulement de quelques coups de feu, par intervalles...

Mardi 28 Décembre 1915.

Temps splendide, talus des tranchées tout dorés sous le ciel bleu. Un avion français est passé au-dessus de nous ce matin. Les 105 tombent de temps en temps. Hier soir, par représailles, sans doute, notre artillerie ayant tiré peu activement, mais avec constance toute la journée, les Boches ont bombardé par rafales le château de Plessier de Roye et le village, situés à notre droite. Debout sur la banquette de tir de la place d'armes, emplacement carré, vaste, tout en caillebotis, un peu avancé par rapport à la tranchée, servant au rassemblement en cas d'attaque, j'ai suivi à la jumelle, à côté de notre Commandant de compagnie, les effets du bombardement boche et la réponse des nôtres sur Lassigny. Plessier de Roye et Lassigny disparaissaient sous les fumées bleues des fusants. La nuit tombait et l'on distinguait bien les flammes des batteries ennemies et des éclatements. C'était beau. Les Boches ont ainsi lancé une centaine de projectiles sur Le Plessier qu'occupe le 70ᵐᵉ territorial.

La garde impériale a l'honneur d'être en face de nous, de l'Avre au Plémont. Chose remarquable, nous recevons le journal du jour aux tranchées de 1ʳᵉ ligne. J'ai fait cet après-midi un concours de tir avec l'adjudant B... et le sous-lieutenant Delsouque. Je n'ai tiré qu'un coup de Lebel sur une petite boîte d'allumettes posée sur un piquet de nos barbelés. Elle a volé en éclats. Mes camarades s'étaient escrimés sur elle sans l'atteindre, jusqu'à mon arrivée. C'est un beau coup de veine.

Je vais voir où tombent les fusants, qui éclatent sur notre ligne.

Vendredi 31 Décembre 1915.

Ce soir, nous quittons les tranchées et nous rendons à Orvillers pour cinq jours, après quoi nous remonterons. Puis, ce sera la période repos — à moins d'imprévu. La division, qui devait venir nous remplacer dans le secteur, est partie pour Ypres où l'on craint une attaque.

Nos batteries tapent pas mal en ce moment pour faire cesser un bombardement sur le village de Roye.

De jour, on n'entend venir aucun bruit des tranchées boches et si une fumée bleue au ras du sol, à gauche de la Tour Rolland n'indiquait les emplacements de leurs abris où ils allument du feu, on pourrait se demander s'il y a du monde en face. J'ai beau regarder constamment à la jumelle, jamais n'apparaît le nez d'un Boche sur toute l'étendue de l'horizon. Chez nous l'on se montre bien plus — trop à mon avis — nos travailleurs circulent en plein air et il faut que quelques fusants les ramènent à la raison. La nuit, on entend les Boches travailler et causer. Mais nos 75 leur intiment vite l'ordre de rentrer dans leurs terriers.

Pendant mon déjeuner, hier, quelques obus sont tombés sur le « Bois des Noirs ». Les sifflements et éclatements tout proches de ces 150 n'avaient rien de bien folâtre.

Un homme de la 20ᵐᵉ a été tué avant-hier pendant le bombardement de Canny. D'ici à Orvillers, il y a 10 kilomètres ; cette marche sac au dos au sortir de la tranchée sera fatigante ; heureusement, mon Bellanger prendra dans une musette vide une partie de mes affaires.

1ᵉʳ Janvier 1916. — ORVILLERS-SOREL.

Encore une année de guerre qui recommence. Dieu veuille que la paix revienne enfin sur la terre !

Nous voici à Orvillers pour cinq jours après treize jours de tranchées. Hier soir, à huit heures, eut lieu la relève : la nuit était assez sombre, mais étoilée, la lampe électrique, dirigée vers la terre pour n'être pas vue, était indispensable dans les boyaux. En passant à Canny, une batterie de 75 toute proche tirait sur les lignes boches. Nombreuses fusées allemandes, éclatantes de blancheur et très courtes (genre des fusées allemandes) dans cette nuit du jour de l'an où les Allemands craignaient une attaque.

Nous sommes arrivés à onze heures dans ce patelin. Le sergent-major M... nous conduit à une petite chambre où nous nous installons, l'adjudant B... et moi.

Impression de joie de trouver une chambre où l'on peut poser ses affaires, et un lit pour s'étendre ! Depuis le 13 Décembre je ne me suis pas déshabillé. Les draps sont sales, mais à la guerre comme à la guerre, nous couchons, B... et moi, dans le même lit, conservant caleçon et chaussettes.

Ce matin, au réveil, le charmant aspirant Grasset vient nous dire bonjour à 7 h. 1/2 et nous souhaiter la bonne année. Plaisir de voir une sympathique figure en ouvrant les yeux. Bellanger apporte ma cantine ; j'ai une véritable satisfaction de la retrouver, ainsi que mon sabre. La cantine, c'est notre armoire à nous autres, poilus.

Je me suis lavé dans la cour : ô bonheur d'entendre coqs et poules chanter dans la ferme ! Bruits de la campagne, bruits de civilisation oubliés depuis longtemps et bruits de guerre qui se sont tus ! On n'entend plus siffler les obus avec cette appréhension que l'on ressent, en attendant qu'ils éclatent près ou loin de vous.

La prochaine fois, nous prenons le secteur de Canny « Cote 91 », triste coin où tombent les torpilles, le plus sale engin de la guerre.

Grasset a froid dans son grenier et vient coucher sur une paillasse dans notre chambre.

. . . .

Jeudi 6 Janvier 1916.

Après cinq jours de repos à Orvillers, nous voici de nouveau en 1ʳᵉ ligne, à la cote 91. Les boyaux sont très étroits, le terrain est bouleversé par les obus, et la terre brune, toute remuée, fait des amas jaunâtres sur ce petit plateau que nous occupons. De loin, on se croirait en présence des montagnes russes de Luna-Park, vues des Champs-Elysées.

Nous sommes à cent mètres des Boches qui occupent le bois triangulaire. On ne peut, comme au secteur du bois des Noirs, regarder par dessus le parapet, il faut ici avoir la précaution de ne pas regarder trop longtemps aux créneaux. Il faut même se baisser dans certains boyaux dont le fond a dû être surélevé à cause de l'eau.

Ma cagna est longue, profonde et très basse ; je couche dans un hamac en fils de fer et je possède, luxe fort appréciable, un large fauteuil en velours rouge, qui a dû être extrait jadis d'une des maisons de Canny. Quel plaisir de s'y asseoir et d'y somnoler !

Nous nous servons dans ces tranchées de périscopes, fausses crosses, etc..., tous instruments indispensables pour voir sans être vu.

J'ai visité hier dans la nuit le secteur avec Delsouque qui m'a fait remarquer deux bassins énormes remplis d'eau : trous de torpilles. Chaque bassin a environ cinq mètres de diamètre, véritable « trou de Paris ».

« De quart », au poste avancé de la 1ʳᵉ section, hier soir, vers 10 heures, j'entendis tout près devant moi tousser un Boche enrhumé, leur poste d'écoute est tout contre notre tranchée. L'ennemi échange des signaux lumineux avec le village de Boulogne-la-Grasse, situé derrière nous, où quelqu'espion doit se cacher. Chaque nuit, un sergent a l'ordre de les surveiller. Hier, on a noté le signal... —— lettre V de l'alphabet Morse.

Nous entendons souvent siffler les balles dans ce secteur et un 105 est tombé ce matin dans un abri à 5 mètres du mien. Seule, la fusée a pénétré, mais n'a blessé personne. La seizième a été bombardée et a eu un blessé.

Ça tape du côté du Bois des Loges, à l'Ouest, où l'on entend les torpilles éclater. C'est là qu'est le 9ᵐᵉ tirailleurs (Colonel de Montluc), qui fait brigade avec nous. Nous avons reçu les prescriptions pour le cas d'une attaque par gaz asphyxiants.

Dimanche 9 Janvier 1916.

J'ai les yeux encore tout pleins de la poussière d'or qui baignait tout ce mol paysage de l'Oise, ce soir au coucher du soleil !

J'ai fait un tour dans les tranchées de la 4ᵐᵉ section, vers quatre heures, à notre gauche et, tout en suivant le boyau Piottin qui y conduit et qui n'est pas très élevé, je goûtais toute la douceur lumineuse de ces vallonnements si variés, coupés de bocqueteaux et de lignes de grands peupliers.

De la 4ᵐᵉ section, j'admirai toute l'étendue qui s'étale à nos yeux, depuis le sombre bois des Loges à gauche, le coquet village de Fresnières au centre, perché sur sa colline, où est logé un Quartier-général boche et sur lequel hier éclataient nos fusants, jusqu'au bois triangulaire à droite.

Les tranchées boches sont en contre-bas, dans un pli de terrain, à 150 mètres en face de la 4ᵐᵉ section ; je les contemplais à la jumelle quand les « clac » significatifs dans les gabions derrière moi, m'ont averti que j'étais repéré. Je suis redescendu de la banquette de tir dans la tranchée. Je rentrai à mon secteur par la tranchée Zaatcha.

Les hommes sont imaginatifs : une des guitounes de ma section porte à l'entrée cet écriteau : « Caveau des Halles ». Une autre présente suspendue à la porte, une volière avec un oiseau empaillé.

Ce matin, j'ai entendu la messe à Canny dans la cave d'une ancienne épicerie éventrée par les obus.

Lundi 10 Janvier 1916.

Hier, vers 21 heures, les Boches ont manifesté dans leurs tranchées et nous ont invectivés — « Cochons de Français ! — Ou « allez-vous vous faire payer vos bons de tabac ! » (sic)... « Dans trois jours nous serons à Paris », etc..., le tout en français. La 15me leur a répondu par des paroles. Mais c'est surtout notre artillerie qui, prévenue aussitôt, s'est mise à leur envoyer une fameuse dégelée qui les a promptement ramenés au silence.

De 21 à 22 heures, ce ne fut que lueurs de départs à l'horizon, sifflements au-dessus de nos têtes et fracas lumineux des éclatements dans le bois triangulaire, c'est la Saint-Guillaume aujourd'hui et ces messieurs avaient dû festoyer hier au soir.

Journée calme aujourd'hui. On parle d'un coup de main à tenter sur le petit poste en face de nous. On a demandé des éclaireurs volontaires ; trois se sont présentés dans ma section, dont mon ordonnance Bellanger, trois sergents de la 13me sont volontaires également. Quels admirables petits gars !

Mardi 11, 6 heures 15 du soir.

Heure tranquille, heure calme et bonne dans la cagna close et bien chaude, éclairée par la bougie, quand il fait noir dehors et que le canon s'est enfin tu !

Je suis heureux de goûter le repos après cette journée mouvementée. A 8 heures, pendant que je me

rasais à la porte de mon abri, voilà que de tous les
points de l'horizon nos batteries se mettent à taper à
gros obus sur l'angle gauche du Bois Triangulaire,
juste face à la tranchée de ma section. Puis, les bom-
bardiers s'en mêlent et des bombes de gros calibre viennent tomber au même endroit, tout près de notre
1ʳᵉ ligne, à cent mètres de mon abri. Ce fut pendant
une heure un infernal tapage. Les obus se suivaient en
sifflant sans interruption et les bombes ajoutaient à ce
vacarme leurs épouvantables explosions. De la porte
de ma cagna je voyais particulièrement bien tomber
celles-ci. C'est effroyable comme effet, tout au moins
les grosses bombes, car nous avons lancé 50 torpilles
de 50 kgs. et 50 petites bombes. L'explosion des torpilles est formidable par elle-même, puis l'on voit monter dans l'air une épaisse colonne de fumée noire au
premier moment, blanche ensuite, ainsi qu'au début
d'un énorme incendie. Sous leur éclatement, tout saute
et ce matin j'ai vu voler un balai, des madriers, des
planches dans un nuage de terre et de fumée.

Tout cela était un tir de destruction sur un abri
blindé, que les Boches avaient construit ces jours-ci.

Vingt minutes après, les Allemands ont répondu à
notre sérénade et ce fut un tir d'arrosage en règle avec
obus ininterrompus et de tous calibres, répandus sur
tous les points du secteur pendant 1/4 d'heure par de
nombreuses batteries. Vers onze heures, nouvelle rafale
d'une vingtaine d'obus, accompagnée de torpilles sur
notre coin de la 2ᵐᵉ section. Une bombe a blessé un
homme de la 4ᵐᵉ section, Jageny, légères blessures aux
épaules et un éclat dans la fesse.

Vers 14 heures, tout est rentré dans le calme et la fin du jour s'est passée très tranquille.

10 heures 20 du soir.

Me voici debout tout équipé, car notre commandant de compagnie vient de réunir les chefs de section pour leur commander de faire équiper tout le monde, un ordre étant venu de la division de s'attendre à une attaque de nos voisins d'en face. Nous prenons donc toutes les mesures préventives utiles : disposition de paille le long de la tranchée pour la faire brûler en cas de gaz, réunion des grenades à cuiller et en pommes de pin, des boîtes à poudre, à jeter devant la tranchée à l'approche d'une nappe asphyxiante.

Ce branle-bas est intéressant, mais je ne crois guère à une attaque ennemie par ici, car le terrain s'y prête trop mal.

La Division craint cette attaque, car le 9, les Allemands ont été battus dans une offensive en Champagne et ils voudraient empêcher des déplacements de troupes de notre part.

17 Janvier 1916.

Il n'y a eu aucune attaque, et ces derniers jours, à part quelques tirs de concentration et de harcèlement et quelques torpilles boches, ont été plutôt calmes. Nous sommes relevés ce soir, à onze heures quarante, par le 139ᵐᵉ de ligne.

Certains détails nous rappellent notre origine africaine ; nous touchons du tabac algérien, tabac « Chebli », fort bon dans la pipe, et il y a deux jours notre dessert était un carré de dattes pilées, absolument délicieux.

Un soir, nous bûmes du cidre fabriqué par nos zouaves à Roye-sur-Matz ; il était parfaitement réussi. Au repas du matin, on nous octroie un quart 1/2 de vin et le soir, du thé arrosé parfois de gniole.

La viande est généralement bien cuite et les légumes variés, pommes de terre, haricots blancs, lentilles. La soupe arrive justement ; je m'arrête. Des 210 tombent sur le bois des Loges et font tout trembler.

19 Janvier 1916. — COURTEMANCHE.

Relevés avant-hier, nous avons passé un jour à Orvillers, où nous sommes arrivés en sortant de Canny, vers deux heures du matin. J'étais logé dans une grange froide et je me suis malgré tout endormi vers trois heures, mes camarades faisant sur la table une manille, sous prétexte qu'ils ne pouvaient pas dormir.

Ce matin, nous avons quitté Orvillers à 7 heures 30 et sommes arrivés à Courtemanche à 2 heures 45, après avoir traversé Montdidier et fait la grand'halte à la sortie. Il faisait un temps superbe et pour traverser les villages, le Colonel nous faisait mettre la chéchia et suspendre les casques à nos ceintures. Notre régiment devait avoir ainsi fort belle allure, défilant, aux accents de la marche des « Allobroges », dans les villages.

Nous sommes, tous les sous-officiers de la Compagnie, installés dans une grande salle à plafond en caissons d'une maison bourgeoise. C'est là également qu'est notre bureau de Compagnie. Courtemanche n'a d'ailleurs que seize maisons au milieu de la plaine.

Bellanger m'a déniché une paillasse, que je lui ai fait placer sous un escalier, bon petit coin tranquille où je dormirai certainement très bien.

1er Février 1916.

Toujours au même endroit. Nous avons eu une alerte, dans la journée du 29, qui n'a pas été suivie d'effet. Nous devions, dit-on, partir pour Neuville-Saint-Waast, mais le corps colonial nous a remplacés au dernier moment.

Les Boches attaquent partout, en particulier du côté d'Arras. Il y eut une affaire également ces jours-ci du côté de la Somme. Des zeppelins sont venus deux jours de suite à Paris, 25 morts et 32 blessés le premier jour du côté de Ménilmontant-Belleville.

La vie est tranquille ici, douce vie à la campagne. L'on rencontre sur les routes de belles charretées de paille conduites par des soldats, en permission sans doute, et sur le sommet de ces montagnes blondes, sont assis d'austères vieillards, la pipe à la bouche. L'on dirait les dieux de la moisson qui vont, guidés par des guerriers, assister à la victoire française.

Les batteuses marchent tout le jour sous les porches des fermes et cette opération campagnarde attire au village de braves paysannes ridées, des gars jeunes et solides, ainsi que de souples jeunes filles aux cheveux couleur de blé.

Ce matin, nous avons touché de nouveaux masques à gaz, en forme de groins, les masques Tambutet.

J'aime maintenant ce beau régiment de zouaves et

l'on sent, en guerre, combien les camarades sont pour vous une véritable famille !

Notre sergent-major a eu tout à l'heure un bon mot. Un de nos camarades se vantant que chez lui les granges étaient pleines de récoltes à cette saison et que la vie était aisée et large dans son pays : « Va donc, lui rétorqua notre chef, je connais bien ton patelin et ta ferme : « les rats descendent du grenier les larmes aux yeux ! »

CHAPITRE DEUXIEME

LES PAYS DE MEUSE

25 Février 1916. — En wagon aménagé.

Nous sommes six, adjudants, aspirant et sergents-majors dans le fourgon de tête du train — et nous filons... sans doute pour Verdun où ça « barde » depuis quelques jours.

Nous avons quitté Cutry, notre dernier cantonnement de repos, dans l'Aisne, à 10 heures, hier matin, avons traversé la forêt de Villers-Cotterets, qui me rappelait tant de souvenirs, où nous avons fait sauver quatre biches, puis nous sommes arrivés à Villers à 15 heures 30. Nous avons mangé debout autour des cuisines roulantes et nous sommes embarqués à 18 h. 30. La nuit fût fraîche dans notre wagon aménagé, vulgaire wagon à bestiaux où des bancs ont été disposés dans le sens de la longueur, et nous nous sommes réveillés sous la neige à Sézanne, dans la Marne. Puis, nous traversâmes la Champagne toute blanche, où les petites croix innombrables des batailles de Champagne semblaient encore plus navrantes sous le ciel gris, lourd de neige. Les endroits où elles sont le plus nombreuses, boches et françaises, sont Fère-Champenoise, Sommesous, Lennharrée.

Nous venons de passer à Sommepuis où stationne

un train blindé à trois pièces de 194 m/m. Le blindage est camouflé et le train semble habillé de vert de gris.

Deux corps d'armée, dit-on, sont partis pour Verdun, où nous allons enfin être appelés à faire peut-être des choses intéressantes, à faire vraiment la guerre !

On parle de Révigny comme point terminus de notre voyage.

26 Février 1916.

MARATS-LA-GRANDE (Meuse).

Débarqués hier, à 13 heures, à Mussey, nous couvrîmes 18 kilomètres à pied à travers des côteaux tout blancs et déserts, vrai pays de loups sous une avalanche de neige et après avoir traversé Bussy, Chandogne et Hargeville, nous sommes arrivés de nuit à Marats-la-Grande.

Ce matin, le village est tout riant avec ses toits de neige sous un ciel bleu foncé, perdu au pied de ses blanches collines. De nombreuses troupes le traversent, montant toutes à Verdun : le 3ᵐᵉ Chasseurs à cheval, le 9ᵐᵉ groupe de 220 du 84ᵐᵉ d'artillerie. A l'instant passent d'autres cavaliers.

Nous allons sans doute ce soir prendre position sur la ligne à quelques kilomètres d'ici.

Le Lieutenant B... vient de m'apprendre que les Boches ont avancé de 2 kilomètres et pris Samogneux, à 12 kilomètres de Verdun. Dès maintenant, nos forts les prennent sous leurs feux. Ils ont, dit-on, d'énormes pertes.

Les émigrés de Sommedieu traversent notre bourg : Monthéron, Dieu, Ancemont sont évacués aussi.

Tous s'attendent à une grande bataille sous peu à Verdun, devant qui se trouve l'armée du Kronprinz.

Demain, nous montons plus haut, laissant la place à d'autres.

28 Février 1916. — **DEUXNOUDS.**

Hier matin, nous avons parcouru 15 kilomètres et, passant près de Courcelles, Beauzée, Amblaincourt, complètement détruits, après avoir croisé de nombreux et tristes convois d'émigrés, nous sommes arrivés à 14 heures à Deuxnouds, gentil village de Meuse, posé lui aussi au pied de collines molles.

L'un des côtés de la rue du village menant au château a été incendié par le bombardement. Au château où était jadis un hôpital est cantonné un convoi d'aviation. Génie et train des équipages remplissent les rues. Aussi le bourg est-il plein et le ravitaillement fort difficile.

Nos hommes ont consommé ces deux derniers jours les vivres de débarquement qu'ils avaient touchés au départ.

L'épicerie n'a plus de vin, la boulangerie est sans pain, le débit ne possède plus de tabac. Enfin, les lettres ne nous parviennent plus et celles que nous envoyons ne partent pas. C'est vraiment la guerre dans ce petit bled, perdu à égale distance entre Verdun et Bar-le-Duc.

J'adore cette vie variée et vagabonde, ne restant jamais plus d'un jour au même endroit, mais profitant d'un repos complet là où nous cantonnons, visitant beaucoup de pays et bouffant des kilomètres. Cela fait oublier l'ennuyeuse vie des tranchées et les odieuses manœuvres — vraiment insipides en temps de guerre — que nous devions faire — et c'est la belle guerre en rase campagne qui semble reprendre !

Dans le parc du château existent plusieurs tombes, dont l'une porte, écrit sur la croix : « Ici reposent « 17 soldats français et 1 officier morts pour la Patrie « le 8 septembre 1914 et inhumés par les Allemands ». Un peu plus loin est la tombe du Capitaine Estève, du 38ᵐᵉ Colonial.

Ce parc désolé avec ses deux tombes solitaires est lugubre.

1ᵉʳ Mars 1916. — SAINT-ANDRE.

J'ai posé mon carnet sur une meule, et me voilà assis sur un escabeau qui n'a que deux pieds, devant la ferme où cantonne la Compagnie, par un temps frais et un beau soleil. Arrivés à Saint-André hier, dans la soirée, nous fîmes, durant notre marche, une halte d'une heure pour laisser passer sur la route les mitrailleuses du 2ᵐᵉ tirailleurs. Régiment tout habillé de boue, hommes et chevaux tirant la patte, descendant de la bataille de Verdun où ont « trinqué » les 1ᵉʳ et 3ᵐᵉ corps et, en particulier, les 2ᵐᵉ, 3ᵐᵉ zouaves et 2ᵐᵉ tirailleurs.

Puis, ont défilé successivement un convoi automobile, transportant des territoriaux vers le front, le 11ᵐᵉ d'artillerie, qui en revenait — sans ses pièces, qu'il a dû faire sauter et abandonner ; puis, le 61ᵐᵉ d'artillerie, des émigrants enfin. Cela rappelait les lendemains de la bataille de la Marne, quand les routes étaient encombrées de troupes allant dans les deux sens.

Aux dires des revenants, la bataille de Verdun a été

terrible : les Boches chargeaient en masse par rangs de huit et se faisaient faucher par nos mitrailleuses.

Ils avaient pris le fort de Douaumont — mais nous le leur avons repris. Leur attaque est enrayée, croit-on, pour le moment. Nous devons, dit-on, reprendre l'offensive.

Le chef de bataillon K... ce matin, à la prise d'armes qui eut lieu pour la remise de Croix de guerre anciennes, nous dit : « Beaucoup l'ont méritée qui ne l'ont « pas, mais ils vont trouver ces temps-ci de nombreuses « occasions de se distinguer. J'espère que nous serons « tous ensemble pour faire ce que nous devons faire ». C'est l'annonce de la « castagne » style chacal.

On accuse beaucoup de cette affaire de Verdun le Général Herr, gouverneur de la ville, qui n'avait pas pris les précautions voulues. Deux lignes de tranchées défendaient seules, paraît-il, la ville et nous avons été vendus par des espions.

Toutes ces histoires ne sont pas prouvées — ce sont les racontars de ceux qui reviennent de là-bas. Ils racontent aussi que les Boches bombardaient les premières lignes avec des 305 et des 210. Ce fut extrêmement dur.

Devant nous se trouvent le 7ᵐᵉ et le 20ᵐᵉ corps ; nous arrivons, je crois, en troisième lieu. L'on nous garde peut-être pour quelque chose de passionnant.

Je couche dans la grange, sous le plan incliné d'un tarare, je mange à la « roulante » et, faute de cigarettes, je fume pipe sur pipe.

Je rentre d'un tour en forêt, pleine de sangliers. La 41ᵐᵉ Compagnie en a tué un hier, car tout le régiment chasse dans ces bois, armé du Lebel ! Je n'ai rien vu, mais partout se remarquent des « bauges ».

Quelques tombes de soldats du 155me d'infanterie dorment, isolées dans la forêt silencieuse...

6 *Mars 1916.* — SAINT-ANDRÉ.

Nous sommes toujours au même endroit, sous le commandement du Général Pétain, commandant la région fortifiée de Verdun (R. V. F.) ou deuxième armée de réserve. Les Boches avancent et se sont emparés du village de Douaumont, autour duquel la lutte fut acharnée.

L'autorité militaire fait évacuer Saint-André. Ce pauvre village contient plus d'émigrés que d'habitants. Pauvres émigrés qui ont tout perdu, sont déjà exilés chez eux, ont vu les leurs tués bien souvent, sont regardés comme des parias dans la région par ces rapaces que sont les Meusiens, et doivent de nouveau quitter le malheureux foyer qu'ils avaient tant bien que mal tâché de reconstituer ! Quelle misère !

Nous prenons justement nos repas, l'aspirant G... et moi, chez trois femmes émigrées de Boureuilles, aisées jadis puisque le Kronprinz logea dans leur maison, lorsqu'il traversa ce petit bourg. Elles sont très hospitalières, ont, seules de tout le village, accepté de nous héberger. Il n'y a encore que les gens qui ont souffert pour bien recevoir ceux qui peinent. Elles sont courageuses et presque gaies, bien qu'ayant vécu de terribles heures au long de cette guerre, ayant perdu, l'une mari et petit-fils, l'autre fils et beau-père. Elles avaient recréé une petite vie ici et voilà qu'on évacue le village ! Leur voiture est trop lourde pour leur cheval, car elles doivent emmener avec elles des personnes impotentes et elles ne savent si, ni comment, elles pourront partir ! Pauvres femmes !

Le temps est froid et il neige. Nos lettres n'arrivent plus et les nôtres s'inquiètent de nous.

8 Mars 1916. — FROMEREVILLE.

Nous avons quitté hier Saint-André à 15 h. 45, et après avoir marché jusqu'à 1 heure 1/2 du matin, couvrant 27 kilomètres, nous sommes arrivés à Froméréville, en Argonne, en passant par Ippécourt, Julvécourt, Ville-en-Cousans, Rampon et Jouy.

Nous bivouaquâmes dans un pré, à la belle étoile, avec le régiment de tirailleurs qui fait brigade avec nous. Joli spectacle sous la nuit étoilée. Alignement des faisceaux illuminés par une soixantaine de feux qui projetaient leurs clartés dans la nuit. Autour de chaque bûcher un cercle d'hommes assis, quelques-uns déjà roulés dans leur toile de tente. C'est le « Rêve » de Detaille réalisé.

Nous nous trouvons derrière Forges, pris avant-hier, et Cumières, emporté d'assaut hier par l'ennemi, à l'Ouest de Verdun. Nous venons protéger ce coin particulièrement menacé par les Allemands qui avancent rapidement.

Il paraît que les avions ennemis nous ont déjà repérés et nous allons nous mettre à l'abri dans le Bois Bourru qui est devant nous. Les tirailleurs partent déjà, nous allons les suivre.

C'est vraiment la guerre ! Il fait un soleil splendide, soleil de victoire !

14 heures 30. --- Dans le Bois Bouché.

Nous l'avons échappé belle ce matin, à 9 heures 30, heure à laquelle nous étions rassemblés pour partir. Les hommes étaient sur les rangs et les sections alignées par quatre, quand soudain nous entendons au-dessus de nos têtes un ronflement qui descend du ciel à toute vitesse et aussitôt... rran !... La bombe éclatait à terre. Nous levons la tête après le premier instant d'émoi produit par cette arrivée imprévue, et apercevons trois avions nous survolant. J'ai eu un peu de peine à rassembler au même endroit ma section émotionnée, mais à peine les rangs reformés... rran !... deuxième bombe. Les hommes se débandent apeurés et nous nous efforçons de maintenir un peu d'ordre. Neuf projectiles sont ainsi tombés parmi nous, rassemblés dans ce vallon découvert et n'ayant rien pour nous abriter. Ce n'est pas une impression agréable, bien au contraire !

Peu après défilaient sur la route deux brancards portant deux tirailleurs, et deux autres portant deux zouaves, blessés ou tués, je ne sais. L'un d'eux, disait-on, a eu la jambe gauche arrachée à la hauteur du mollet. Il y eut une vingtaine de blessés, surtout dans le village auprès duquel nous bivouaquions.

Plusieurs chevaux furent tués ou blessés ; l'un d'eux, entr'autres, je le reverrai toujours, se tenait encore debout, agitant pitoyablement sa patte droite antérieure, coupée à la hauteur du genou. Mes souvenirs me représenteront toute ma vie l'air misérable de cette malheureuse bête, remuant son moignon sanglant et ne pouvant plus marcher sans boîter affreusement ! La guerre est aussi cruelle aux animaux qu'aux humains.

Après cette alerte, nous sommes à l'abri dans un bois où mes hommes confectionnent leurs abris et mon ordonnance m'édifie une petite cagna carrée en branches d'arbres qui va être merveilleuse. Nous bivouaquons ici, jusqu'à ce qu'on ait besoin de nous.

Nous sommes à 200 mètres derrière une batterie de 120 qui fait un tapage d'enfer. C'est la guerre en rase campagne que nous vivons et nous voici complètement séparés du reste des humains et ne pouvant plus correspondre avec eux.

Je me confie à Dieu et me sens ainsi moins seul !

Le 13ⁱᵐᵉ corps est engagé, paraît-il, du côté de Cumières, derrière qui nous nous trouvons en ce moment et nous pouvons être appelés à marcher d'un moment à l'autre.

9 *Mars 1916*. — Les Bois Bourrus.

Je suis incapable de comprendre les manœuvres que l'on nous fait faire. Hier après-midi, alors que les abris étaient finis de confectionner et que les hommes se reposaient de la nuit de bivouac qu'ils venaient de passer ; — alerte ! Départ du Bois Bouché pour les Bois Bourrus à 16 heures. Nous y arrivons à 23 h. 30 après une marche ridiculement lente et sous bois nous allumons des feux dans chaque section et commençons à dresser nos toiles de tente.

Je repose ainsi une heure à côté de mon ordonnance et à 1 heure 1/2 du matin — alerte ! Tout le monde debout. Cela ne me surprend pas, car l'on disait hier soir que nous devions attaquer au petit jour le Mort-Homme et le Bois des Corbeaux.

Nous partons, en effet ; l'on fait passer les brancardiers en tête et tout annonce « le coup dur ». Or, pour couvrir 6 kilomètres, nous mettons 2 heures 1/2 par suite d'à-coups ininterrompus et sans raison et le jour se levait que nous étions encore à 3 kilomètres des premières lignes. Sur ce, le commandement donna l'ordre de faire demi-tour.

Ce soir, nous montons aux tranchées. Le bruit courait hier que le 92me de ligne était cerné et que le 139me luttait pour le dégager. Il paraîtrait ce matin que le 92me a réussi à s'échapper.

Toutefois, cette vie de bivouac est peut-être pittoresque, mais manque totalement de confort. Il est impossible de se laver dans ces bois d'Argonne sans eau, nous ne pouvons nous raser, nous ne recevons, ni n'envoyons plus de lettres. Nous mangeons fort mal à la roulante et ne dormons plus du tout.

Le canon roule sans interruption tout autour des Bois Bourrus où nous sommes bivouaqués. Il règne dans ces boqueteaux une lancinante odeur de cheval crevé. C'est qu'il y a ici un véritable nid de batteries de tous calibres.

Les branches sont encore sans feuilles et les hommes doivent faire un dais de branchages au-dessus de leurs abris pour ne pas être repérés par les avions.

Les 75 et les 90 font un chahut infernal ; leurs formidables coups de gueule se confondent avec les « arrivées » des obus boches sur nos batteries, qui se signalent par le sifflement strident qui les précède. Jamais, jusqu'alors, je n'avais entendu vacarme pareil. On s'entend à peine causer et il est absolument impossible de fermer l'œil.

Les obus de gros calibre tombent comme grêle, abattant les branches des arbres. Cet après-midi, au moment où je dirigeais une distribution de vivres de réserve, un projectile est tombé à dix mètres et un éclat brûlant est tombé sur mon soulier. Dans ce bois, le régiment de tirailleurs a perdu pas mal de monde.

CHAPITRE TROISIEME

LE RAVIN TRAGIQUE

TRANCHEES DE CUMIERES

10 Mars 1916, à l'aube.

Hier soir, neuf Mars, nous sommes montés aux tranchées. La neige, qui ensevelissait la campagne, éclairait cette nuit de relève. Chaque section marchait à cent pas de distance de celle qui la précédait, et chaque homme, en file d'escouade, à cinq pas, et nous nous efforcions dans l'obscurité de ne pas perdre de vue celui qui marchait devant nous, à quelques mètres, de peur de nous égarer.

L'on entendait venir dans la nuit des sifflements sinistres et devant nous, au bout de la route toute blanche, brillaient à intervalles réguliers les lueurs des éclatements dans le village de Cumières, que nous allions traverser. Nous croisions des charrettes légères, sortes de brancards posés sur deux roues, recouverts d'une bâche, que poussaient des hommes courant, et nous y distinguions vaguement les corps allongés des blessés que l'on emportait vers l'arrière.

Ces voitures au trot me faisaient penser aux « poussepousse » chinois.

Soudain, un miaulement, venant du Nord à notre

droite, semble s'allonger jusqu'à la route que nous suivons — nous nous jetons dans le fossé et l'obus éclate à dix pas de nous.

Nous entrons enfin dans le village de Cumières ; collée contre le mur de la première maison, c'est une section qui a perdu son chemin. Les hommes sont là, sans gradés, attendant ils ignorent quoi, et un peu émotionnés par le bombardement. Ils ne savent plus où aller et nous leur ordonnons de nous suivre.

Après Cumières que nous traversons en frôlant les murs, afin d'être un peu protégés des éclatements, nous entrons dans une zône nue, désolante sous ce linceul blanc : c'est une pente qui monte vers les tranchées.

Nous devons arriver : les quelques hommes qui redescendent et nous croisent parlent bas. Sur les bords de la piste que nous suivons, nous distinguons mal des formes blanches bizarres ; ce sont des cadavres d'hommes et de chevaux qu'a recouverts la neige.

Enfin, des ombres s'agitent devant nous : c'est ici la tranchée ; nous descendons dans le vague boyau qui existe, boyau provisoire de guerre en rase campagne où nos troupes s'étaient installées et avaient pu arrêter l'ennemi, après avoir repris Cumières ; — et nous cherchons l'emplacement exact de notre section. Toute la Compagnie appuie vers la droite, et nous sommes placés.

Me voilà, les pieds dans la neige, au coin d'un des angles du boyau, qui peut vaguement servir de pare-éclats, assis sur mon sac, les coudes sur les genoux et la tête dans mes mains et c'est ainsi que je vais chercher à dormir. Au-dessus de moi, sur le parapet, dépassent deux souliers ferrés d'un cadavre à peine recouvert de sable.

Les fils de fer étant inexistants, nous plaçons des sentinelles à dix pas devant la tranchée et nous prenons un peu de repos, les pieds glacés, en attendant la première alerte, qui eut lieu à onze heures du soir.

Les sentinelles crient soudain : « Aux armes ! » et regagnent notre boyau. Nous voilà tous debout, tandis qu'éclate de part et d'autre une fusillade intense et que montent au ciel des fusées sans nombre, dont les trajectoires lumineuses font le jour en pleine nuit. Un quart d'heure plus tard, la fusillade, ainsi qu'une crise nerveuse passagère, se calmait peu à peu et tout rentrait dans le calme jusqu'à l'aurore.

11 Mars 1916.

Dès le matin du 10, bombardement effroyable de tout le secteur par des 210 et des fusants de 150. Cumières, intact encore avant-hier soir, est arrosé par une pluie de 305 et de 380. Cumières, petit village si gracieusement blotti au bord de la Meuse, derrière ton rideau protecteur de grands peupliers d'argent, qu'ont-ils fait de toi, hier, les barbares qui déversaient sur ta quiétude leur arsenal d'enfer !

Les grosses marmites, ainsi que des wagons de marchandises se suivant sans interruption, venaient s'écraser sans arrêt, tantôt seules, tantôt par rafales, parmi les maisons blanches, crevant les toits et bouleversant les étages, dans un fracas épouvantable, au milieu d'une fumée noire et épaisse, qui remontait avec son âcre odeur vers nos tranchées, dissimulant le village à nos yeux.

Toute la vallée, blanche de neige, fut, cette matinée-là piquetée d'énormes plaies noires, s'alignant tous les trois mètres, creusées par le tir de barrage des marmites boches. Nous assistions à ce tragique spectacle, debout dans notre boyau inconfortable et sans abris.

A onze heures, en pleine bombardement, le cri « Aux Armes » court tout le long de notre ligne ; les Boches allaient attaquer. Nous voilà tous baïonnette au canon et revolver au poing, debout dans la tranchée, prêts à les attendre sous une effroyable pluie de projectiles. Ils n'ont pas attaqué cependant cette fois-là et tout demeura calme jusqu'à trois heures de l'après-midi.

A cette heure, nouvelle alerte ! nous voyons arriver sur notre gauche des renforts qui se profilent sur les crêtes, marchant à l'attaque du Mort-Homme. Nous distinguons des petites silhouettes mouvantes s'avançant en tirailleurs sur toutes les hauteurs voisines. Immédiatement se déclanche le barrage ennemi, avec des « gros noirs » et il est tragique de voir éclater devant ces lignes de tirailleurs, qui paraissent si minuscules, les énormes marmites boches, avec leur panache de fumée qui s'élève dans le ciel comme un début d'incendie ou un volcan en éruption et les pauvres silhouettes au loin, ainsi que des soldats de plomb, tombaient une à une pour ne plus se relever !

Un peu plus tard, nous apercevons des ombres à notre gauche qui descendent dans le ravin, sans armes, ni équipement, et remontent l'autre versant du vallon derrière nous. Elles passent par une, deux, puis peu après, par groupes. Nous ne comprenons pas, mais devinons l'affreuse chose : ce sont des unités qui, sous cet horrible bombardement, lâchent pied et abandonnent les tranchées ! Mais soudain — les voilà qui remontent à leur ancien emplacement. Un agent de liaison qui passe, nous jette les mots : « Cela va bien, le « Commandant a téléphoné : le 98me qui, un instant, « avait lâché ses positions, les a reprises et la situation « est rétablie. »

Sur le Mort-Homme, c'est la bataille et là-bas crépitent une vive fusillade et le tactactac des mitrailleuses.

Soudain, un mot d'ordre circule dans nos tranchées : « Le 98me attaque, faites attention ! » En effet, c'est maintenant, à notre gauche toujours, mais plus près de nous, que les coups de feu remplissent le silence, en même temps que les explosions de grenades et, derrière nous, dans le ravin des Caurettes, nos mitrailleuses se mettent à chanter leur monotone refrain et vont sans doute, par-dessus nos tranchées, faucher les vagues d'assaut des Boches à la lisière du Bois des Corbeaux.

Dix minutes après, l'on nous fait passer de la gauche : « Le 9me tirailleurs attaque, faites attention ! » L'adjudant-chef B..., qui est là à côté de moi, me dit : « Oh ! après les tirailleurs, ce sera sans doute notre tour ! » Mais je n'y crois pas, car il me semble que ce ne sont pas en général ceux qui tiennent les tranchées qui attaquent, mais les troupes en réserve, sans quoi, en cas de recul, les tranchées seraient facilement enlevées par l'ennemi.

Durant toute cette journée, ce fut un chahut effroyable et un bombardement abrutissant ininterrompu.

Le pire est que notre artillerie tire trop court et les coups de 75 tapent en plein sur ma section. Vers 17 heures, les artilleurs français tirant juste sur notre ligne, malgré les fusées incessantes d'allongement de tir (trois feux rouges), que nous avions lancées, nous étions tous aplatis dans le fond du boyau quand rran... rran... rran... trois obus de 75 viennent éclater tous trois à la même place, sur le parapet juste au-dessus de nous. J'ai senti tous les éclats retomber, mon cuir d'équipement fut coupé par l'un d'eux, mais m'a protégé. Nous nous levons aussitôt, les gradés, et demandons : « Personne n'est blessé ? » — « Si, moi ! » répond l'homme qui se trouve être mon voisin de gauche en se redressant, et en effet j'aperçois sur sa capote, à la hauteur de l'omoplate droite, un filet de sang. Nous l'envoyons au poste de secours. Il ne peut se décider à s'y rendre que lorsqu'il a retrouvé sa chéchia. Bizarre idée en une heure aussi tragique !

A la même heure, l'aspirant Hamond, de la 16ᵐᵉ Compagnie, était broyé par un 90 français. J'avais couché dans sa chambre au dernier cantonnement.

Nous étions à flanc de côteau et Cumières se trouvait, ainsi que je l'ai dit, au-dessous de nous, dans le ravin et à notre droite.

En ce jour de combat, notre secteur étant extrêmement agité, les attaques pouvaient, d'une minute à l'autre, faire tache d'huile et s'étendre jusqu'à nous. Aussi nos agents de liaison devaient-ils constamment aller du poste de commandement du commandant au village de Cumières où se tenait en réserve le reste du régiment. Il y avait un endroit particulièrement dangereux et très repéré des Boches, entre le bas de la pente sur laquelle nous étions accrochés et l'entrée du boyau qui menait au village. Les Boches veillaient sur ce passage et fusillaient quiconque le traversait.

Je me souviendrait toujours des heures que nous avons vécues, suivant du regard le cœur battant, les manœuvres habiles de nos pauvres camarades de liaison courant en zig-zag d'un trou d'obus à l'autre, tandis que nous voyions les balles les suivre et soulever des petites mottes de terre, en avant, à droite, à gauche, en arrière d'eux.

Un zouave, remontant vers nous, filait ainsi courbé en deux, rampant presque à toutes jambes, comme une bête traquée, quand soudain, alors qu'il allait atteindre le début de la pente où il eût été sauvé, il s'abattit, la face en avant : nous le crûmes tué !

Un peu plus tard, un autre camarade essayait de tráverser cette terrible zone. Les balles s'enfonçaient dans la terre tout près de lui ; il manœuvrait le plus habilement possible, mais tout à coup il se couche, puis repart péniblement, fait quèlques pas et vient s'allonger près du zouave déjà étendu ; il enlève son sac tout en restant couché, le place devant sa tête, s'allonge et ne bouge plus. Combien nos cœurs battaient de savoir ce qu'il advenait de ces deux pauvres camarades !

Or, au bout d'une demi-heure, le premier qui, couché tout de son long et que nous croyions tué, n'avait pas fait un seul mouvement, se lève d'un bond et en un temps de course, gagne la demi-pente, angle mort où il était à l'abri. Il s'était servi de ce subterfuge pour échapper à l'attention de l'ennemi. Il devait, hélas !

être tué neuf jours plus tard au seuil du P. C. du Chef de Bataillon, d'un éclat de shrappnell fusant, à la tête.

Le deuxième agent de liaison, lui, ne put continuer son chemin qu'à la nuit tombée ; il avait reçu une balle dans la rotule.

Enfin, la nuit vint, ramenant un demi-calme bien reposant pour tous !

Telle fut cette émotionnante journée du 10 où le Bois des Corbeaux fut perdu et repris quatre fois par nos voisins, 98⁽ᵐᵉ⁾ et 9⁽ᵐᵉ⁾ tirailleurs.

12 Mars 1916, 18 heures.

Bombardement, continuel décidément. Chaque jour, nous avons deux alertes. Le soir, nous apercevons de grandes lueurs rouges à l'horizon sur notre droite, sorte de feux de bengale, qui sont sans doute des signaux boches. Jusqu'à présent, les Boches n'ont pas osé venir jusqu'à nos tranchées.

Les villages à nos pieds, Cumières, Marre, sont toujours affreusement pilonnés et dans le lointain, derrière nous, il en est plusieurs qui sont en feu.

Ce pauvre Cumières, en particulier, a reçu hier et aujourd'hui sans interruption des 210 et des 380. D'énormes fumées rouges montaient vers le ciel et dérobaient le village, cependant tout près de nous, à nos yeux.

Quelques 210 sont tombés également sur la 16⁽ᵐᵉ⁾ Compagnie, qui est très exposée là où elle est, tandis que le boyau que nous occupons est, grâce à Dieu, un peu à l'abri et, jusqu'à présent, la 13⁽ᵐᵉ⁾ n'a pas trop souffert.

Mais le secteur subissant journellement des bombardements de gros calibre en pleines tranchées, nous nous sommes tous mis au travail, avons creusé le fond du boyau et pratiqué sur le flanc qui regarde le ravin, des terriers pour être un peu plus à l'abri.

Nous avons disposé également des réseaux Brun en avant des tranchées et nous nous sentons un peu plus en sûreté.

14 Mars 1916, 8 heures.

Il fait un temps superbe et les Boches en profitent pour nous bombarder copieusement, aidés par le repérage des avions qui nous survolent. Depuis ce matin, nous sommes pris d'enfilade dans notre boyau par une batterie ennemie, ce qui est extrêmement désagréable, mais l'ennemi, ne pouvant atteindre de front notre tranchée, située en angle mort sur la pente, a trouvé ce seul moyen : nous prendre de flanc par des batteries, placées à notre droite et un pu en arrière de nous, dans le village de Champ.

Notre boyau, de boyau de guerre en rase campagne qu'il était quand nous y sommes entrés, est devenu par nos soins une véritable tranchée, nous l'avons sérieusement approfondi, nous avons surélevé les parapets, aménagé des petits abris individuels dans le flanc le plus proche de l'ennemi pour être dérobés aux bombardements, posé des fils barbelés, inexistants jusque-là. Et maintenant nous tenons solidement notre position à flanc de côteau, au-dessus du village de Cumières.

Depuis hier, nous avons encore eu une alerte, non suivie d'attaque. Nous avons, triste corvée, dû enterrer l'avant-dernière nuit un lieutenant du 259me de ligne et un caporal du 29me, restés jusqu'alors dans leurs toiles de tente sur le bord de la tranchée et dont le voisinage nous incommodait. Que penser de troupes, qui abandonnent ainsi sur le terrain, sans les ensevelir dignement, leurs camarades et surtout leurs chefs !

J'ai hâte, je l'avoue, de sortir de cet enfer, car rien n'est plus insupportable que ce bombardement continuel, contre lequel on se sent absolument impuissant !

15 Mars 1916.

Jour de combat hier. A partir de 8 heures du matin, le bombardement, comme tous les jours d'ailleurs, a commencé, mais cette fois-ci, il dura de 9 à 14 heures sans interruption. Peu de temps après avoir écrit mon journal de guerre, hier, je l'ai échappé belle. Je parlais d'un pièce qui nous prenait d'enfilade. Or, précisément, au cours de ce bombardement d'hier qui précédait une attaque boche, cette maudite batterie s'est mise à tirer sans arrêt ses 77 et ses 105 (il y avait deux pièces différentes) pendant cinq heures. On ne peut imaginer ce supplice de rester couché dans un petit abri peu protecteur durant de longues heures, tandis que les projectiles pleuvent tout autour de vous !

J'ai eu de la chance, un 77 étant venu éclater sur le parapet en face de mon abri, j'ai eu juste le temps de bondir hors de celui-ci avant d'être écrasé par tous les débris de ferraille qui, dans un nuage de poussière et de fumée, se sont abattus sur lui.

J'allai en rampant à quatre pattes dans l'abri voisin du caporal R... et je restai ainsi pendant trois heures, serré entre ce caporal et un troisième camarade dans ce terrier où l'on ne pouvait rester assis sans se heurter au plafond de terre. Les projectiles venaient rebondir sur nos abris, avec un bruit strident de ressort à boudin qui se détend. Nous sortions la tête de temps en temps, pour surveiller l'ennemi. ,

Vers midi, j'entends un de nos camarades, B..., de ma section, s'écrier au milieu du vacarme assourdissant : — « Ah !... les brancardiers, les brancardiers ! » Mon ordonnance, Bellanger, va, en rampant, vers lui et le dégage de son abri sous lequel il était enseveli, un obus ayant écrasé son terrier.

Une demi-heure après, Bellanger venait me trouver et me dit : « Fauconnier et Aguélat sont morts ». J'y cours avec lui. Ces deux pauvres camarades de ma 2ᵐᵉ section couchés dans le m.me abri, à trois mètres du mien, avaient été tués pendant leur sommeil. L'obus était entré de plein fouet dans leur abri, qui, par suite d'un retour de notre boyau, faisait face à Champ, d'où tirait cette affreuse batterie. L'un avait la tête presqu'emportée, l'autre a dû mourir de la commotion produite, car il ne portait aucune blessure apparente. Le soir, nous avons dû fouiller nos pauvres camarades, recueillir tous leurs souvenirs et ce qu'ils possédaient de précieux, et les enterrer, un peu au-dessous de notre tranchée. Deux croix de bois ont été confectionnées pour mettre sur leur tertre.

A la suite de ce bombardement effroyable, pendant lequel il tombait mille obus à la minute dans le Ravin des Caurettes, que nous habitions (note officielle du Quartier-général) nous fûmes alertés à 11 heures du matin. Nous n'avons pas aperçu les Boches, mais nos mitrailleuses, placées derrière nous dans le bois des Caurettes, commencèrent à fredonner leur chanson avec une folle rapidité. Le soir, allant reconnaître des abris en avant de notre tranchées, nous avons trouvé semés devant la tranchée boche, des cadavres de pionniers et de coupeurs de fils de fer teutons.

Par suite du recul, se trouvant à 200 mètres en arrière, tandis que nous étions en contrebas de la crête qu'occupe l'ennemi, les mitrailleurs virent sortir ces messieurs, tandis que nous ne pouvions rien apercevoir. Leur tir rapide calma d'ailleurs rapidement leur désir d'attaquer.

Nous avons appris que, le 14, une division boche était prête à prendre nos positions d'assaut.

Les Allemands ont employé à cette occasion, dans notre secteur, tous leurs procédés récents : obus éclairants, obus incendiaires dont l'un mit le feu aux sacs placés devant l'abri de notre Commandant de Compagnie ; obus asphyxiants, qui répandaient une abominable et tragique odeur de poudre pharmaceutisée dans tout le vallon des Caurettes.

Ma 2me section, ou plutôt notre 2me section, car elle est commandée par l'adjudant-chef, et j'y compte pour ordre comme adjudant de compagnie, fut particulièrement éprouvée et c'est elle qui, de toute la Compagnie, a le plus trinqué. Tandis que les autres sections n'avaient que des blessés, la 2me comptait deux morts et deux blessés.

Nous avons pris nos précautions à présent contre ces batteries infernales qui nous bombardent de flanc, en construisant un boyau perpendiculaire, descendant dans le ravin. Nos batteries, après bien des appels de notre Colonel, ont accepté de les repérer et, dès qu'elles les eurent prises sous leur tir, les pièces boches se turent immédiatement, mais nous avions, en attendant, à déplorer la mort de deux camarades, qui plus est, de deux excellents soldats.

Cette nuit, comme toutes les nuits précédentes, je n'ai guère somnolé, car il y a eu contre-attaque sur notre gauche, ce qui entraîne alerte pour tout le secteur et violent bombardement.

Le ravitaillement se fait vers minuit et c'est à cette heure que l'on doit manger, si l'on tient à manger à peu près chaud. Quant à moi, je goûte un peu de rata pour me réchauffer, puis je bois le vin, le café et la gnole qu'on nous sert quotidiennement. Le lendemain, je termine mon repas, froid bien entendu, puisque je ne peux que le laisser sur le parapet de la tranchée et je le retrouve en général rempli de terre et d'éclats de toutes sortes, qui font un effet désastreux sur de blancs macaronie, qu'on nous sert très fréquemment.

J'aurais plutôt faim, si mon ordonnance ne découvrait la nuit, en se promenant sur cette côte de l'oie où l'on s'est depuis déjà de longs mois fort battu, des boîtes de singes abandonnées, ou demeurées dans les sacs des cadavres.

18 Mars 1916.

Bombardement intermittent, bombardement fréquent de Marre, dont nous voyons la nuit, depuis deux jours, l'incendie qui continue ; et des cantonnements de l'arrière.

Il est un canon, que je nomme « le canon pneumatique », qui fait un bruit de machine où l'air rentre, quand il tire. Mais ses obus vont loin, nous ne les entendons guère passer. Ils sont destinés sans doute à nos batteries.

Le régiment a déjà perdu, depuis que nous tenons ces positions, 5 à 600 hommes par le bombardement ennemi et — par nos 75, hélas !

Hier, violent bombardement de 210 sur le Mort-Homme. Le 9ᵐᵉ tirailleurs s'est fait décimer à Béthincourt qu'il dut abandonner. Son chef, le Colonel de Montluc, grand, à barbe noire et figure caractéristique, qui avait présidé quelques-unes de mes séances de Conseil de guerre, a été fait prisonnier. Tout l'Etat-major de notre brigade, la 75ᵐᵉ, a disparu : le Colonel Garçon, qui la commandait depuis deux jours, a reçu une balle dans la tête, le Capitaine Moïse et le Capitaine de Chasseurs à pied qui l'accompagnaient, ont été tués. Ils s'étaient tous rendus, au moment d'une attaque, au Mort-Homme et un combat à la grenade a surpris ces officiers dans leur abri.

19 Mars 1916.

Le bombardement quotidien se poursuivit hier de 10 heures à 15 heures 30 sur toutes nos tranchées à coups de 210 et 150. Quatre 210 sont tombés sur la 16ᵐᵉ Compagnie et ont tué 11 hommes dont le sous-lieutenant Pierre, avec qui j'avais jadis accompli une corvée de bois, en descendant des tranchées de Roye-sur-Matz.

Hier soir, notre cher aspirant Grasset, qui désirait

tant obtenir le galon d'officier, faisait une patrouille volontaire, entre les lignes, pendant que les nôtres creusaient une tranchée en avant, dans « le bois Dévasté ». Il était venu me dire bonjour avant de partir, tout équipé et avait partagé un cake que j'avais reçu le matin, des miens. Soudain, comme nous cherchions à percer les ténèbres pour le voir revenir, nous entendons des coups de feu. Anxieux, le cœur battant, nous sommes aux aguets. Mais que vois-je dans la nuit. Un brancard porté par deux ombres. Elles s'approchent de nous et — horreur ! Allongé sur la civière, ayant gardé la position de l'homme aplati, les deux bras à demi repliés dans l'immobilité de la mort, c'est mon pauvre camarade tué d'une balle au sommet de la tête. Il était encore si vivant et plein d'entrain il y avait à peine une heure ! Que nous sommes peu de chose ici-bas !

Des fusants imprévus, venant de cette sale batterie de Champ, qui par hasard s'était réinstallée dans ce village, ont tué un agent de liaison du Commandant et blessé des hommes de la 14me Compagnie.

Tous les jours, le régiment s'anémie de nouvelles pertes, mais l'on ne parle pas encore de nous relever. On doit, je crois, user, dans ce secteur, les unités jusqu'à complet épuisement, afin de ne pas être obligé de fournir constamment des troupes fraîches.

J'avais au dernier cantonnement vécu quotidiennement et couché en compagnie des deux aspirants de la 16me Hamon et de la 13me Grasset, les voilà tous les deux disparus ! La vie n'est pas gaie en ce moment, mais il faut garder quand même un bon moral !

20 Mars 1916.

Bombardement assez continu, pour ne pas en perdre l'habitude. Ce matin, je vis dans le ciel un de nos avions prendre feu sous le tir des mitrailleuses d'un Fokker, puis tomber lentement, à l'envers comme une feuille morte, tout carbonisé, pauvre petite chose noire désemparée, et continuer à brûler sur le sol dans les lignes boches, vers Champneuville. Ce fut une tragique vision. Quelle horreur épouvantable quand on songe aux affres et à l'agonie du malheureux aviateur, torche vivante !

On nous a distribué le texte de la citation de notre division : « Sous un bombardement dont l'intensité « dépasse toute idée, après des jours et des nuits de « combats sans trêve, ni répit, les troupes de la « 25ᵐᵉ division ont barré la route à l'ennemi. Soldats « d'Afrique et soldats de France, défenseurs de Béthin- « court, de Cumières et du Mort-Homme, l'âme haute « comme l'âme de leur Général sont entrés dans la « Grande Bataille de Verdun pour préparer la Grande « Victoire. »

Au Quartier-Général, le 17 Mars 1916.

LE GÉNÉRAL DE BAZELAIRE.

Nous étions les Soldats d'Afrique, défenseurs du village de Cumières pour avoir construit une tranchée imprenable, maintenu nos positions et avancé dans le « Bois Dévasté » de 250 mètres en fabriquant une nouvelle tranchée sous les yeux de l'ennemi.

Voilà une citation qui fait oublier toutes les fatigues et toutes les souffrances et qui vous relève l'âme !

ETREPY (Marne). — *25 Mars 1916.*

Dans la journée du 21, nous eûmes encore une attaque, vers le Mort-Homme, à notre gauche, à 9 heures du soir. Puis, à onze heures, nous étions relevés par le 155me de ligne. Nous redescendions par Cumières, pauvre village intact à notre arrivée, à présent tout écroulé et éventré, dans un lamentable état. Le 11me Bataillon, qui s'y trouvait, l'avait mis en état de défense, en construisant des barricades en chicane dans les rues et en disposant des barbelés à l'entrée du bourg.

Le 22, nous bivouaquions dans le bois de Sigry-la-Perche, ainsi que le 23. Le 24, nous prenions les autos. et, après un parcours de 60 kilomètres, arrivions à 23 heures à Etrepy.

Je me souviendrai longtemps de ces tranchées de Cumières, sous un continuel bombardement, où la seule heure douce et calme était 23 heures, heure du ravitaillement et du courrier, heure de trêve pour les deux artilleries.

Pendant seize jours, du 7 au 24 Mars, nous avons dormi à la belle étoile, en plein bois ou dans le fond d'un boyau et nous n'avons pu changer de linge, ni nous laver.

Me voilà revenu, transformé en vrai poilu, avec une barbe de quinze jours, crotté jusqu'aux épaules, hirsute et couvert de totos, comme tout le monde.

Récapitulation faite, il manque sept cents hommes au régiment. Certaines compagnies ont perdu 47 hommes, d'autres cent. La 13me Compagnie n'a eu que quatre tués et une dizaine de blessés. Officiellement, notre division a perdu 25 o/o de son effectif ; les tirailleurs ont perdu 1.700 hommes, les 16me et 98me de ligne, 800 hommes chacun, et le 1er zouave, 400 hommes, morts et blessés, plus 300 évacués de pieds gelés.

Nous sommes ici pour nous reformer et y resterons 12 jours, après quoi en route pour un autre secteur !

Le temps est admirable, vrai temps d'été, ces jours-ci. Ce matin, le ciel est pâle et la température fraîche. Les jeunes pousses commencent à verdir et c'est la charmante saison du printemps, où la campagne est si douce, qui s'approche. Et au milieu de ces tristesses, malgré les morts de tous ces jeunes hommes, c'est encore une fois le renouveau !